AF641986

W. Ian Thomas

Christus in euch – Dynamik des Lebens

W. IAN THOMAS

Christus in euch

DYNAMIK DES LEBENS

SCM
R.Brockhaus

SCM

Stiftung Christliche Medien

SCM R. Brockhaus ist ein Imprint der SCM Verlagsgruppe,
die zur Stiftung Christliche Medien gehört, einer gemeinnützigen Stiftung,
die sich für die Förderung und Verbreitung christlicher Bücher,
Zeitschriften, Filme und Musik einsetzt.

Major W. Ian Thomas (1914 –2007) gründete 1947 die Fackelträger, deren Bibelschulen heute in Europa, in Asien, in Australien und in Amerika zu finden sind.

MIX
Papier | Fördert gute Waldnutzung
FSC® C014496

1. überarbeitete Auflage 2024 (13. Gesamtauflage)

SCM R. Brockhaus in der SCM Verlagsgruppe GmbH
Max-Eyth-Straße 41 · 71088 Holzgerlingen
Internet: www.scm-brockhaus.de · E-Mail: info@scm-brockhaus.de

Umschlaggestaltung: Kathrin Spiegelberg, spika-design.de
Satz: typoscript GmbH, Walddorfhäslach
Druck und Bindung: GGP Media GmbH, Pößneck
Gedruckt in Deutschland
ISBN 978-3-417-01021-3
Bestell-Nr. 227.001.021

Inhalt

Vorwort

Ich bin dem Verlag dankbar, dass eine weitere Ausgabe von *Christus in euch, Dynamik des Lebens* von Major Ian Thomas herausgebracht wird. In einer Zeit, in der menschliche Methoden und organisatorische Strategien angewendet werden, um die Gemeinde Jesu aufzubauen und dem Volk Gottes praktische Anleitung zu geben, ist es erfrischend, zu Jeremia 6,16 zurückzukehren: »So spricht der Herr: Steht an den Wegen und seht und fragt nach den alten Pfaden, wo der gute Weg ist, und wandelt auf ihm, so werdet ihr Ruhe finden für eure Seelen.« Ich danke Gott für alle, die uns zu den alten Pfaden der ewigen Wahrheit zurückführen, auf denen Christus bis zum heutigen Tag wirkt. Die Wahrheit, Christus in uns, ist nicht die Botschaft der Fackelträger. Es ist die klare Botschaft der Schrift, die ewige Wahrheit Gottes, die für alle Menschen gilt. Überall.

Ich bin Major Thomas zum ersten Mal begegnet, als ich 18 Jahre alt war und am Bodenseehof die Bibelschule machte. In jenem Jahr kamen Major Thomas und seine Frau in der Bibelschule vorbei. Ich war sehr beeindruckt von ihrer bescheidenen, aber herzlichen Art, mit der sie uns Studenten begegneten. An einem Abend stand ich nach der Vorlesung in der Snackbar, als der Major hereinkam, direkt auf mich zulief und mich mit einem festen Händedruck und einem freundlichen »Hallo!« begrüßte. Damals war ich überrascht, dass ein Mann seines Alters und seines Ansehens so direkt mit mir Kontakt aufnahm (er war damals erst 64 Jahre alt, was mir heute gar nicht mehr so alt vorkommt). Ich hatte noch wenig Verständnis davon, was der Major in dieser Woche bei uns lehrte. Aber Gott ist gnädig! So machte mir der Heilige Geist deutlich, dass es hier um die Wahrheit ging. Das machte mich hungrig nach mehr. Nach diesen Begegnungen hatte Major Thomas in mir eine Sehnsucht nach Jesus entfacht.

In den nächsten fünf Jahren lernte ich die Sprache kennen, die Gott dem Major anvertraut hatte: »Christus in euch, die Hoffnung der Herrlichkeit« – das steht im Kolosserbrief. Aber das war nicht genug. Es ist möglich, sich den Wortschatz anzueignen, ohne die Wahrheit erlebt zu haben; ich war sehr frustriert. An einem Abend im Jahr 1985, als ich inzwischen am Northwestern College in St. Paul, Minnesota studierte, offenbarte ich Major Thomas meine Verzweiflung. Nach einem kurzen gemeinsamen Gebet fiel ein Groschen: Diese Wahrheit, die ich Jahre zuvor in der Bibelschule das erste Mal gehört hatte, konnte ich nicht selbst umsetzen. Ich durfte Christus einfach dafür danken, dass er in mir lebte, und dann sicher sein, dass er sich selbst darum kümmern würde, dass die Wahrheit in mir lebendig wurde. Was war das für eine Entdeckung! Eine Entdeckung, die ich seitdem immer wieder neu festhalte.

Wenn Gott einen Mann oder eine Frau gebraucht, dass Jesus Christus in unser Leben kraftvoll hineinbricht, neigen wir dazu, den Ursprung des Segens mit den Methoden zu verwechseln, die er benutzt hat, um uns zu segnen. Ich erinnere mich, dass ich kurz nach unserem Treffen 1985 in der Klostermühle auf Major Thomas zuging und ihn mit aufrichtiger Zuneigung begrüßte: »Major, es ist schön, Sie wiederzusehen! Ich hoffe, wir haben noch etwas Zeit zusammen!« Er schaute mir direkt in die Augen und sagte: »Ich nicht«, und ließ mich stehen. Ich war verblüfft. Aber der Major wusste, dass ich in Gefahr stand, nun eher ein Jünger von Major Thomas als von Jesus zu werden. Er erlaubte mir nie, mich an seine Person zu hängen, sondern zeigte mir immer wieder klar und deutlich, dass Jesus der Ursprung allen geistlichen Segens ist – nicht er selbst. Als ich dann Mitarbeiter bei den Fackelträgern wurde, traf ich Major Thomas ein-, zweimal im Jahr. Ich freute mich jedes Mal, mit ihm Zeit zu verbringen. Seine ständige Ermahnung war: »Bleib zu Hause bei der Basis!« Er meinte damit so viel wie: »Mach dir immer das Leben des Christus zu eigen, das in dir wohnt!«

Der Major war eine starke Führungspersönlichkeit, der man Respekt zollte. Ich weiß, dass einige Leute Angst vor ihm hatten. Ich wurde von ihm ab und zu mal zurechtgewiesen, und ich hatte es nötig. Aber er hatte auch eine sanfte und väterliche Seite, die ich ebenfalls kennenlernte. Er hätte mich aus meinem Dienst werfen können, aber er tat es nicht. Er verfolgte einen langfristigen Ansatz bei der Arbeit mit den Menschen, weil er davon überzeugt war, dass Gott das gute Werk, das er durch Christus in uns begonnen hatte, auch vollenden würde. Er hat die Menschen nie aufgegeben, weil er das Potenzial Christi in den Menschen nie aufgegeben hat! Ich erinnere mich, dass ich oft mit dem Major gelacht habe. Er war ein fröhlicher Mensch und immer für einen Scherz zu haben. Er war optimistisch und christuszentriert, nicht problemorientiert. Er war es gewohnt, alles dem Herrn zu überlassen.

Obwohl er der Gründer der Fackelträger war und eine tiefe Loyalität zu den Mitarbeitern hegte, nahm Major Thomas die Organisation nicht allzu ernst. Auch sich selbst nahm er nicht allzu ernst. Wie er oft zu sagen pflegte: »Der Fluss soll sich seinen eigenen Weg bahnen.« Der Leiter eines der Fackelträger-Zentren sagte mir einmal: »Major Thomas wird dir in deiner Führungsposition genug Seil geben, um dich aufzuhängen, zweimal.« Er hatte eine unheimliche Fähigkeit, potenzielle Führungskräfte zu erkennen und sie dann Christus und der anstehenden Aufgabe zu überlassen.

Während ich das schreibe, höre ich die Stimme des Majors: »Vergiss nicht, dich zu erinnern!« Es ist über 45 Jahre her, dass ich den Major das erste Mal traf. Er hat die wichtigen Dinge immer wieder wiederholt. Von Zeit zu Zeit höre ich mir alte Aufnahmen seiner Predigten an. Und ich bin mir sicher, er würde mit diesen Worten des Apostels Petrus zu mir und Ihnen sagen:

> Darum will ich euch allezeit daran erinnern, obwohl ihr's wisst und gestärkt seid in der Wahrheit, die nun gegenwärtig ist. Ich halte es aber für richtig, solange ich in dieser Hütte bin, euch zu wecken und zu erinnern; denn ich weiß, dass meine Hütte bald abgebrochen wird, wie es mir auch unser Herr Jesus Christus eröffnet hat. Ich will aber allen Fleiß darauf verwenden, dass ihr dies allezeit nach meinem Hinscheiden im Gedächtnis behaltet.
> *2. Petrus 1,12-15*

Die Realität von Jesus Christus, der in uns lebt, ist das Wesentlichste in meinem Glaubensleben. Es hat meinem Christsein einen Sinn gegeben. Das Leben von Christus allein hat sich als ausreichend erwiesen, um mich von allem zu retten, was ich ohne ihn bin. Christus allein ist der Grund für jeden Segen, den ich in meinem Leben und in meinem Dienst bis zum heutigen Tag erfahren habe. Im Laufe der Jahre habe ich begriffen, dass Major Thomas ein sterblicher Mensch wie wir alle war. Anstatt mich zu desillusionieren oder zynisch zu werden, wurde mir, als ich die Schwächen dieses Mannes Gottes im Laufe der Jahre beobachtete, die Wahrheit des ihm innewohnenden Lebens Christi noch deutlicher. Ich bin erstaunt, wie oft ich nach einer Begegnung mit ihm ein stärkeres Verlangen nach der Gegenwart von Jesus hatte. Ich bin sehr dankbar für Major Thomas. Noch dankbarer bin ich, dass er mich mit Christus zurückgelassen hat, der mein Leben ist.

Peter Reid,
Direktor *Fackelträger International*
Frühjahr 2024

1

Christus in euch – Dynamik des Lebens

Christsein ist mehr als das Ausüben einer Religion, mehr als das Streben nach Moral und weit mehr als sentimentale Träumerei von hohen Idealen. Die Tatsache, dass Jesus Christus selbst Leben und Inhalt des christlichen Glaubens ist, hebt das Christentum über all dies weit hinaus. Es macht den Glauben zu einem gegenwärtigen persönlichen Erlebnis. Durch den Herrn Jesus Christus wird das Christsein eine lebendige Erfahrung, durch ihn allein kann es »funktionieren«: »Gott, der euch berufen hat, ist treu; er wird halten, was er versprochen hat« (1. Thessalonicher 5,24). Er selbst, der dich ruft, vollbringt, wozu er dich gerufen hat. »Denn Gott bewirkt in euch den Wunsch, ihm zu gehorchen, und er gibt euch auch die Kraft zu tun, was ihm Freude macht« (Philipper 2,13).

Christus ist die Triebkraft zur Erfüllung seiner Forderungen. Christus hat mehr für dich als seinen Tod am Kreuz, durch den du mit Gott versöhnt bist. Die Bedeutung dieses Todes ist auch nicht mit der Befreiung von einem belasteten Gewissen und der Tilgung vergangener Sünden erschöpft. Die Botschaft des erlösenden Kreuzestods von Jesus Christus ist wunderbar. Sie trifft aber nur in einem begrenzten, wenn auch sehr wichtigen Sinne zu. Römer 5,10 sagt: »Wir sind ja durch den Tod seines Sohnes mit Gott versöhnt worden, als wir noch seine Feinde waren. Dann werden wir erst recht jetzt, wo wir seine Freunde geworden sind, durch das Leben von Christus gerettet werden.« Hier ist von einem zweifachen Dienst des Herrn Jesus Christus für dich die Rede. Er versöhnt dich mit Gott durch seinen Tod und erlöst dich durch sein Leben. Christus erlitt den Tod, um Raum zu schaffen für sein Leben – das Leben, durch das Gott auf Erden wirken will.

Die Frohe Botschaft trifft dich zuerst als Ruf zur Versöhnung, als Ruf Gottes, der dir Frieden anbietet: »Denn Gott war in Christus und versöhnte so die Welt mit sich selbst und rechnete den Menschen ihre Sünden nicht mehr an. So sind wir Botschafter Christi, und Gott gebraucht uns, um durch uns zu sprechen. Wir bitten inständig, so als würde Christus es persönlich tun: ›Lasst euch mit Gott versöhnen!‹« (2. Korinther 5,19-20). Gott ist gerecht. In seiner Gerechtigkeit muss er uns als Sünder schuldig erklären und er hat das Todesurteil über uns ausgesprochen. Wir haben es verwirkt, Träger seines Heiligen Geistes zu sein, sind entfremdet dem Leben aus Gott, tot in »Übertretungen und Sünden« (Epheser 2,1; LUT). Doch vor mehr als zweitausend Jahren erschien der ewige Gott in Christus in unserer Zeit; und die Hände dessen, der litt »als der Gerechte für die Ungerechten« (LUT), sind uns entgegengestreckt, »um uns zu Gott zurückzubringen« (1. Petrus 3,18). »An seinem eigenen Körper hat er unsere Sünden an das Kreuz hinaufgetragen« (1. Petrus 2,24).

Christus ist Gottes letzte Anrede an die Menschheit und Gottes letztes Wort an dich. Gott verlangt eine Antwort. Es genügt nicht, nur mit dem Verstande Ja zu sagen. Es bedarf einer Entscheidung, die deine gesamte Existenz betrifft. Darum ist das Evangelium so zwingend. Deine Antwort auf Gottes Anrede in Jesus Christus wird deine Stellung vor Gott bestimmen – deine Erlösung oder deine Verdammnis. Trotzdem aber ist dies alles nur der Anfang, denn wir

»sind ja durch den Tod seines Sohnes mit Gott versöhnt worden *(eine abgeschlossene Handlung)*, als wir noch seine Feinde waren. Dann werden wir erst recht jetzt, wo wir seine Freunde geworden sind, durch das Leben von Christus gerettet werden *(eine fortlaufende Handlung).*«

Das ist der springende Punkt: Sobald ein Mensch Gottes Ruf zur Versöhnung folgt, empfängt er den Heiligen Geist, weil die Sünde als Hindernis zum Empfang des Heiligen Geistes vergeben ist. Dieses Wiederaufnehmen einer geistlichen Beziehung zu Gott durch die Gabe des Heiligen Geistes nennt die Bibel die Wiedergeburt. So »machte er uns selig – nicht um der Werke willen, die wir in Gerechtigkeit getan hätten, sondern nach seiner Barmherzigkeit – durch das Bad der Wiedergeburt und Erneuerung im Heiligen Geist, den er über uns reichlich ausgegossen hat durch Jesus Christus, unsern Heiland« (Titus 3,5-6; LUT).

Jesus Christus ist am dritten Tag auferstanden von den Toten. Er erschien seinen Jüngern und lehrte sie vierzig Tage lang. Dann fuhr er auf zu seinem Vater. Am Pfingsttag kehrte er zurück. Jetzt nicht mehr, um äußerlich *bei ihnen* zu sein, sondern um von nun an *in ihnen* zu sein und ihnen seine eigene göttliche Natur zu vermitteln. Gott hatte ihm einst einen von Sünde unberührten Leib bereitet durch seine Menschwerdung im Schoß der Maria, empfangen vom Heiligen Geist. Jetzt aber, am Pfingsttag, wurden seine Jünger Glieder seines neuen Leibes: »So bildet ihr gemeinsam den Leib von Christus, und jeder Einzelne gehört als ein Teil dazu« (1. Korinther 12,27). Durch diesen Leib offenbarte sich Jesus Christus fortan der Welt. Er sprach durch ihre Lippen, er wirkte mit ihren Händen. Das war das Wunder der Wiedergeburt und das ist bis heute Herz und Mitte der Frohen Botschaft!

»Treu ist er, der euch ruft; er wird's auch tun« (1. Thessalonicher 5,24). Er, der dich zu einem Leben in Gerechtigkeit ruft, lebt dieses Leben – auf dein Ja hin auch durch dich! Er, der dich ruft, der Menschheit in ihrer Not zu dienen, dient der Menschheit in ihrer Not – auf dein Ja hin durch dich! Er, der dich ruft, in alle Welt zu gehen, das Evangelium aller Schöpfung zu verkünden, geht selbst mit hinaus, um aller Schöpfung das Evangelium zu verkünden – auf dein Ja hin durch dich! Das ist Gottes Weisheit, die einen Menschen vor der Sinnlosigkeit vergeblicher Mühen bewahrt. So befreit Gott von nutzlosen Versuchen, sich am eigenen Haarschopf emporzuziehen. Ohne dieses Handeln Gottes würde der Ruf in die Nachfolge nur Verzweiflung einbringen; das Schauspiel eines Idealisten, der, obwohl er es ganz ernst meint, fortwährend an seiner eigenen Unzulänglichkeit scheitert.

Wenn du Christus nur glauben würdest! Nicht allein dem Gekreuzigten, der starb, um dich zu erlösen, sondern auch dem Lebendigen, dessen Leben in dir und durch dich Gestalt gewinnen möchte. Dann könnte schon dein nächster Schritt in der Kraft und Vollmacht Gottes getan sein. Das wäre der Anfang eines Lebens, das im Wesentlichen übernatürlich wäre, auch wenn es noch in das Alltagsgewand deines irdischen Leibes gekleidet ist. Mag dein Herz auch bei Christus im Himmel sein, hier stehst du trotzdem mit beiden Beinen auf der Erde. Das Leben von Christus wird in den großen und kleinen Dingen sichtbar, aus denen unser irdisches Dasein besteht.

Durch den Glauben wirst du *ganz abhängig* werden von dem Leben des Christus in dir, und doch bist du nie zuvor so *unabhängig* gewesen! Die Last der Umstände wird von dir weichen. Die Angst vor dir selbst wird sich lösen, die sich in einem Augenblick hinter großspuriger Angeberei verbirgt und im nächsten in traurigem Selbstmitleid verzehrt. Du wirst endlich von der Sklaverei der Furcht vor den Meinungen anderer Menschen befreit sein.

Der Feind in deinem eigenen Herzen, dem Christus die Macht genommen hat, wird dich nicht länger tyrannisieren, denn »trotz all dem tragen wir einen überwältigenden Sieg davon durch Christus, der uns geliebt hat« (Römer 8,37); und selbst der Tod ist überwunden durch das Leben dessen, der »durch seinen Tod die Macht des Teufels brechen« konnte, »der Macht über den Tod hatte« (Hebräer 2,14). Wo das Leben des Christus ist, da ist wirklicher Sieg!

Du wirst wieder Mensch werden nach Gottes Bild – Träger und Darsteller des göttlichen Lebens auf Erden. Dein Glaube wird die Fenster des Himmels öffnen. Denn Gott selbst – zu dessen Wesen es gehört, zu tun, was dem Menschen unmöglich erscheint –, er, der allmächtige, schaffende Gott, wird es tun. Deine Freunde werden es verblüfft feststellen: Du wirst wirklich »eine neue Schöpfung« sein; denn: »Ist jemand in Christus, so ist er eine neue Kreatur; das Alte ist vergangen, siehe, Neues ist geworden« (2. Korinther 5,17; LUT). Nachdem du Frieden mit Gott gefunden hast, wird Friede aus Gott, der »höher ist als alle Vernunft«, dein Leben bestimmen.

Wie der Herr vor mehr als zweitausend Jahren in seinem eigenen Körper lebte, so lebt er heute durch uns. Wenn wir verstehen lernen, wie er damals lebte, werden wir auch verstehen können, wie er heute durch uns lebt. Er sagt: »Wer mein Fleisch isst und mein Blut trinkt, bleibt in mir und ich in ihm« (Johannes 6,56). Aus dem Zusammenhang verstehen wir, dass »essen und trinken« die geistliche Bedeutung von »kommen und glauben« ist, denn der Herr sagt: »Wer zu mir kommt, wird nie wieder hungern. Wer an mich glaubt, wird nie wieder Durst haben« (Johannes 6,35). Solche, die zu ihm kommen und an ihn glauben, treten damit in eine einzigartige Gemeinschaft mit ihm, sie »bleiben« (wohnen) in ihm und er »bleibt« (wohnt) in ihnen.

Der Herr fährt fort: »Ich lebe durch die Macht des lebendigen Vaters, der mich gesandt hat, und ebenso werden alle, die an mir teilhaben, durch mich leben« (Johannes 6,57). Wie er durch den Vater lebte, so sollen wir durch ihn leben. Wie aber lebte er durch den Vater? Wenn wir die Antwort zu dieser Frage gefunden haben, werden wir auch erfassen, wie wir durch ihn leben sollen.

Es mag zuerst etwas ungewöhnlich erscheinen, aber so lebte Jesus durch den Vater: »Ich versichere euch: Der Sohn kann nichts aus sich heraus tun« (Johannes 5,19). »Wenn ihr den Menschensohn am Kreuz erhöht habt, werdet ihr erkennen, dass ich es bin und dass ich nichts von mir selbst aus tue« (Johannes 8,28). Wir begegnen dem Herrn Jesus Christus hier als einem Menschen, der in vollkommener, bedingungsloser Abhängigkeit von Gott dem Vater lebt. Das war die Erfüllung seiner Berufung als Mensch. Er kam als sündloser Mensch, um wieder das zu sein, was der Mensch durch die Sünde nicht mehr war: gehorsamer Träger der Gegenwart Gottes, durch dessen Leben Gott sich darstellen konnte.

Obwohl Jesus Christus Gott war, durch den »alles erschaffen« wurde (Kolosser 1,16), erniedrigte er sich selbst, gab seine göttlichen Rechte auf, während er als Mensch über diese Erde ging – als eine vollkommene Darstellung dessen, wozu der Mensch von Gott bestimmt war: die ganze Persönlichkeit Gott hingegeben und von Gott für Gott ergriffen und regiert.

Jesus betete in Johannes 17,18-19: »Wie du mich in die Welt gesandt hast, so sende ich sie in die Welt. Und ich gebe mich ganz für sie hin, damit auch sie durch die Wahrheit ganz dir gehören.« Er lebte in völliger Abhängigkeit vom Vater und ging nicht einen einzigen Schritt, ohne anzuerkennen, dass er ohne den Vater nichts tun konnte. Du bist zu dem gleichen Leben gerufen. Du sollst in derselben völligen Abhängigkeit von ihm leben und nicht einen Schritt gehen, ohne anzuerkennen, dass du ohne ihn, Christus, nichts tun kannst. »Ich bin der Weinstock; ihr seid die Reben. Wer in mir bleibt und ich in ihm, wird viel Frucht bringen. Denn getrennt von mir könnt ihr nichts tun« (Johannes 15,5).

Mit anderen Worten heißt das: Ohne ihn kannst du nicht mehr tun, als er ohne den Vater tun konnte. Aber wie viel konnte der Vater durch den Sohn vollbringen? Alles! Denn der Sohn stellte sich für all das zur Verfügung, wozu der Vater den Sohn ermächtigte. »Jesus aber wusste, dass der Vater ihm uneingeschränkte Macht über alles gegeben hatte« (Johannes 13,3). »Denn Gott wollte in seiner ganzen Fülle in Christus wohnen« (Kolosser 1,19). Wie viel wird Jesus Christus durch dich tun können? Alles! Einzig und allein das Maß deiner Verfügbarkeit für ihn wird sein Handeln durch dich eingrenzen: »Denn in Christus lebt die Fülle Gottes in menschlicher Gestalt, und ihr seid durch eure Einheit mit Christus damit erfüllt« (Kolosser 2,9-10).

Was ist das nun für ein Glaube, der Raum schafft für das göttliche Wirken? Kannst du genauso, wie du seinen Tod zur Versöhnung im Glauben angenommen hast, sein Leben zur Erlösung im Glauben in Anspruch nehmen? Das ist die entscheidendste Frage des Christseins und die Antwort ist ganz einfach: »Durch den Glauben hat ein Gerechter Leben« (Römer 1,17). Glaube in seiner ganzen Schlichtheit; Glaube, der Gott einfach bei seinem Wort nimmt; Glaube, der unkompliziert Danke sagt. Wenn du je die Fülle seines Lebens erfahren willst, dann vertrau dem, der jederzeit jeder Situation gewachsen ist, jederzeit jede Situation an. Rechne damit und handle danach, dass er, der allem gewachsen ist, auch allem entsprechen wird. Aus diesem Grund wirst du in 1. Thessalonicher 5,16 ermuntert: »Seid immer fröhlich!« Du sollst in jeder Lage und zu jeder Zeit fröhlich sein, denn Gott hat dir wirklich Ursache zur Freude gegeben.

»Hört nicht auf zu beten« (1. Thessalonicher 5,17) als nächste Aufforderung heißt nicht etwa betteln oder flehen, als wäre Gott nicht bereit zu geben. Es heißt vielmehr, tatsächlich jederzeit jede

Situation dem anzuvertrauen, dessen Leben in dir für alles ausreichend ist. Wird es jemals eine Last, eine Not, ein Problem, eine Verantwortung oder irgendeine Versuchung geben können, die zu groß oder zu überwältigend wäre für Jesus Christus? Wenn er der wahre Gott ist, niemals! »Jesus Christus, unser Herr, wurde als Sohn Gottes bestätigt, indem Gott ihn mit großer Macht durch den Heiligen Geist von den Toten auferweckte« (Römer 1,4).

Wendest du die Tatsache, dass er für alles »ausreicht«, im Glauben auf jede deiner Situationen an, wird dir gar nichts anderes übrig bleiben, als der Aufforderung »Was immer auch geschieht, seid dankbar« (1. Thessalonicher 5,18), zu gehorchen. In welchen Dingen? In allen Dingen, ohne Ausnahme, »denn das ist Gottes Wille für euch, die ihr Christus Jesus gehört«. Wenn dann in deinem Leben eine Situation auftaucht, die du nicht aus der Hand geben willst und in der du nicht anerkennen willst, dass Christus, der in dir ist, hierfür völlig genügt, dann stehst du außerhalb seines Willens. Du erklärst durch Haltung und Handlung, dass er dir nicht mehr zu bieten hat als das, was du auch ohne ihn hättest.

Das ist genau das Gegenteil von Abhängigkeit und du wirst dem Gebot in 1. Thessalonicher 5,19 ungehorsam: »Unterdrückt den Heiligen Geist nicht.« Es ist nicht nur die Aufgabe des Heiligen Geistes, dich wissen zu lassen, dass Christus in dir ist, sondern er will seine Macht und seine Fülle deiner Erfahrung zugänglich machen. Mit dem Heiligen Geist erfüllt zu sein, bedeutet nichts weiter, als deine ganze Persönlichkeit Christus, der alles in allem ist, durch den Heiligen Geist zur Verfügung zu stellen. Dies ist das zarte Geheimnis eines Lebens aus dem unbegrenzten Reichtum der Gottheit. »Singt miteinander Psalmen und Lobgesänge und geistliche Lieder, und in euren Herzen wird Musik sein zum Lob Gottes. Und dankt Gott, dem Vater, zu jeder Zeit für alles im Namen unseres Herrn Jesus Christus« (Epheser 5,19-20).

Wer würde sich ein Auto mit einem viele PS starken Motor kaufen und es dann schieben wollen? Würde er nicht vor Erschöpfung bald aufgeben und versuchen, den Wagen so schnell wie möglich wieder loszuwerden? So töricht das Bild aussieht, es ist das Bild vieler Christen. Als Gott dich durch das kostbare Blut seines Sohnes erkaufte, schenkte er dir auch einen starken Motor – nämlich nichts Geringeres als das Auferstehungsleben seines Sohnes. Darum hör auf, mit eigener Kraft zu schieben! Überlass alle Ereignisse, die sich vor dir auftürmen, jede Lage, in der du lebst, die Gelegenheiten, die sich dir bieten, die Versuchungen, die sich dir nahen, und die Verzagtheit, wenn sie dich auch noch so sehr niederdrückt, der göttlichen Kraft und Vollmacht, die dir in Christus in unausschöpflichem Maß zur Verfügung stehen. Mit welch unerschütterlichem Vertrauen kannst du der Zukunft entgegensehen, wenn du deine Eigenbemühungen endlich zu Grabe trägst und als erlöster Sünder das in Anspruch nimmst, was Gott dir in seinem auferstandenen Sohn geschenkt hat.

In Christus sein bedeutet Erlösung – aber Christus in dir bedeutet Heiligung.

In Christus sein bedeutet zubereitet sein für den Himmel – aber Christus in dir bedeutet zubereitet sein für die Erde.

In Christus sein bedeutet eine neue Zukunft – aber Christus in dir bedeutet eine neue Gegenwart.

In Christus sein macht den Himmel zu deiner Heimat – Christus in dir macht die Erde zur Werkstatt Gottes.

Wer fliegen will, weiß, dass er seit seiner Geburt an das Gesetz der Schwerkraft gebunden ist, das er nie aufheben kann. Er weiß aber auch von einem anderen Gesetz, das es ihm möglich macht, das Gesetz der Schwerkraft zu überwinden. Er muss nur bereit sein, sich diesem anderen Gesetz, dem der Aerodynamik, anzuvertrauen. Im Vertrauen auf dieses neue Gesetz besteigt er ein Flugzeug. Sobald die mächtigen Motoren ihre Arbeit beginnen, entdeckt er: Das alte wird von dem neuen Gesetz überwunden. Sollte ihm allerdings die Kabine zu eng werden, und er wäre so töricht, durch den Notausgang auszusteigen, würde ihm sehr unsanft klar werden, dass das alte Gesetz noch in Kraft ist. Wir müssen die Haltung völliger Abhängigkeit beibehalten, um Überwinder des alten Gesetzes zu bleiben.

So sollst du durch Glauben leben, im Geist. Das ganze Gewicht deiner Person sollst du auf Christus werfen, der in dir lebt. Gott verspricht: »Lebt so, wie es eurem neuen Leben im Heiligen Geist entspricht. Dann werdet ihr auch nicht tun, wozu eure sündigen Neigungen euch drängen« (Galater 5,16). Du wirst befreit von den Banden der dir angeborenen Bosheit und ihrem Sog nach unten. Du wirst Überwinder werden durch »Christus, der euer Leben ist« (Kolosser 3,4). Er ist die Dynamik deines Lebens!

Wie steht es um dich? Hast du dich dem Herrn jemals als deinem Erlöser anvertraut? Bist du mit Gott versöhnt durch den Tod seines Sohnes? Erfährst du dann auch täglich – und heute – die Erlösung durch sein Leben? Hast du gelernt, jede Situation deines Lebens ihm, der in dir lebt, gläubig anzuvertrauen und in diesem Vertrauen Danke zu sagen?

Herr Jesus Christus,
ich danke dir, dass du mich erlöst hast mit deinem teuren Blut. Du hast mich mit Gott versöhnt. Du hast meinem schuldbeladenen Herzen Frieden mit Gott, meinem Schöpfer, gebracht durch deinen Tod am Kreuz. Ich danke dir, Herr Jesus Christus, dass du auferstanden bist. Du wohnst in mir durch die Person deines Heiligen Geistes.

Du hast von mir nie mehr als mein Versagen erwartet und doch ist mir durch dich Stärke für meine Schwachheit, Sieg für meine Niederlagen gegeben. Du selbst bist die Antwort auf mein ganzes Versagen! Im Glauben erkenne ich eine Zukunft, die du erfüllen willst mit dir selbst und allem, was du in deiner göttlichen Person bist!
Du, Christus, bist meines Lebens Leben.
Amen.

2

Ein neues Prinzip

Das Leben des Sieges und Überwindens lebt man nicht nach einer gewissen Methode oder mithilfe einer gewissen Technik. Wie wir schon gesehen haben, handelt es sich um ein völlig neues, umwälzendes Lebensprinzip; es geht um den Grundsatz eines ausgetauschten Lebens: »Ich lebe, aber nicht mehr ich selbst, sondern Christus lebt in mir« (Galater 2,20). Dies alles ist kein Zusatz, sondern es gehört zum Kern des Evangeliums. Wir dürfen klare Begriffe nicht verwässern. Das Verhalten des Christen vom Evangelium zu trennen, wäre völlig verkehrt und unvereinbar mit Gottes Wort. Nur ist es leider allzu oft charakteristisch für die Verkündigung des Evangeliums.

Hier geht es um den echten geistlichen Inhalt unseres Evangeliums und der heißt nicht: eines Tages der Himmel, sondern: *Christus hier und jetzt!*

Christus in dir, weil du durch sein Blut »für Gott freigekauft« bist (Offenbarung 5,9). – Das macht Gottes Botschaft zur Frohen Botschaft! Eine Predigt, die weniger enthält, muss unvermeidlich geistliche Schwächlinge erzeugen, Menschen ohne Rückgrat, deren Glauben nicht »funktioniert«.

Jakobus sagt in seinem Brief: »So wie der Körper ohne Geist tot ist, so ist auch der Glaube tot ohne gute Taten« (Jakobus 2,26). »Geist« heißt hier so viel wie Atem. Ein Leib ohne Atem ist tot. Höre auf zu atmen und man wird dich begraben! Ein lebendiger

Leib atmet und ein lebendiger Glaube atmet. Dein Glaube, der durch den Christus, der in dir wohnt und völlig genügt, bringt das göttliche Wirken durch dich zum Durchbruch. Darum sagt Jesus: »Das ist Gottes Werk, dass ihr an den glaubt, den er gesandt hat« (Johannes 6,29; LUT). Das sind in der Bibel »gute Werke« im Gegensatz zu »toten Werken«.

Gute Werke sind Werke, die ihren Ursprung in Christus haben und die zum Ausdruck kommen durch deinen Leib, der ihm »ein lebendiges und heiliges Opfer« wurde, »ein Opfer, an dem Gott Freude hat« (Römer 12,1-2). Diese Abhängigkeit, an der echter Glaube erkennbar ist, steht im Gegensatz zu der Unabhängigkeit der gefallenen Natur Adams.

Im Alten Testament haben wir zwei einfache Illustrationen zu diesen beiden Grundwahrheiten »in Christus sein« und »Christus in dir«. Es gibt keinen besseren Bibel-Kommentar als die Bibel selbst. Wir wollen die Bibel in ihrer eigenen Sache sprechen lassen – das bewahrt uns vor Irrtümern.

> Danach führte Mose die Israeliten vom Roten Meer fort und sie zogen in die Wüste Schur. Drei Tage lang wanderten sie durch die Wüste, ohne Wasser zu finden. Als sie nach Mara kamen, fanden sie schließlich Wasser. Doch sie konnten es nicht trinken, denn es war bitter. Deshalb erhielt der Ort den Namen Mara. Da beschwerte sich das Volk bei Mose: »Was sollen wir trinken?« Mose rief den Herrn um Hilfe an. Da zeigte der Herr ihm ein Stück Holz. Nachdem Mose das Holz in das Wasser geworfen hatte, wurde das Wasser trinkbar. In Mara gab der Herr ihnen Vorschriften und Gesetze und stellte sie auf die Probe, indem er sagte: »Hört auf mich, den Herrn, euren Gott, und lebt so, wie es mir gefällt: Befolgt meine Gebote und

> Vorschriften! Dann werde ich euch nicht an den Krankheiten leiden lassen, die ich über die Ägypter gebracht habe, denn ich bin der Herr, der euch gesund macht.«
> *2. Mose 15,22-26*

Dieses Ereignis steht im Zusammenhang mit dem Auszug aus Ägypten. Auf die näheren Einzelheiten kommen wir später noch zu sprechen. Jetzt wollen wir nur noch einmal das Prinzip der Erlösung herausarbeiten.

Wir sehen im ersten Bild zunächst bitteres Wasser, in dem nur der Tod herrscht. Außerdem ein Volk, das zu Gott schreit, und Gott, der als Antwort auf ein Holz hinweist. Das Bild ist sehr einleuchtend.

Wie dunkel, tief und bitter wurde das Wasser im Herzen des Menschen an dem Tag, als er in Sünde fiel! Wir sind Erben der Tränen, der Angst, des Kummers, der Schmerzen und des Zerfalls einer von Sünde kranken Welt, in die uns die Rebellion gegen Gottes Berufung und Ordnung gestürzt hat.

Das Wasser ist wahrlich dunkel, bitter und tief im Herzen des Menschen. Aber schwebt nicht der Geist Gottes über dem Wasser? Er rührt das Herz an, bis es aufwacht, bis es über seine Sünde tief erschrocken zu ihm schreit. Gottes Antwort heißt: »Seht her! Da ist das Lamm Gottes, das die Sünde der Welt wegnimmt!« (Johannes 1,29). Der Herr zeigte Mose ein Holz, und nachdem er »das Holz in das Wasser geworfen hatte, wurde das Wasser trinkbar«.

Jesus Christus ist der, »der unsre Sünden selbst hinaufgetragen hat an seinem Leibe auf das Holz« (1. Petrus 2,24; LUT). Dieses »Holz« wurde zum zweiten Baum der Entscheidung. Am ersten Baum verwarf Adam seine Stellung vor Gott. Er sagte Nein zu Gott und ging den Schritt vom Leben zum Tod, von der Abhängigkeit in die Unabhängigkeit. Am zweiten Baum der Entscheidung dürfen wir Adams Schritt rückgängig machen und Ja sagen zu unserem Gott. Gott hat uns selbst den Weg bereitet vom Tod zum Leben, aus Eigenwille und Unabhängigkeit in kindliches Vertrauen und in die Abhängigkeit von ihm, in den Gehorsam des Glaubens.

»Ich bin der Herr, der euch gesund macht.« Er ist der Herr, der dich heilt! Das ist der Anfang unseres Heils: versöhnt sein mit Gott durch den Tod seines Sohnes. Das Holz gegen die Bitterkeit, an dem das kostbare Blut von Jesus Christus vergossen wurde zur Reinigung von Sünde: »Selbst wenn eure Sünden scharlachrot sind, sollen sie schneeweiß werden. Eure Sünden mögen blutrot sein, doch sie sollen werden wie Wolle« (Jesaja 1,18). Hier fängt der Glaube an; und wir haben nie einen Anfang gemacht, wenn wir hier nicht beginnen. Aber es wäre sehr traurig, wenn wir an dieser Stelle stehen blieben.

Darum ist auch das zweite Bild so wichtig. »Und die Männer der Stadt sprachen zu Elisa: Siehe, es ist gut wohnen in dieser Stadt, wie mein Herr sieht; aber es ist böses Wasser und das Land unfruchtbar« (2. Könige 2,19; LUT). Hier ist alles ganz anders: ein hübsches Städtchen in bezaubernder Umgebung. Der Reisende, der gelegentlich des Weges kommt, der Fremde, Kaufmann oder Tourist würde gern einige Tage verweilen, vielleicht ein Wochenende hier verbringen oder sogar mit seiner Familie in den Ferien hierherfahren. Sie alle beglückwünschen die Bewohner zu dem Vorrecht, in dieser reizenden Umgebung zu leben. Doch hinter der prächtigen Fassade verborgen bedrückt die Einwohner der Stadt eine schwere Sorge.

Natürlich machen sie gute Miene zu allen Komplimenten und versuchen, ihren Kummer hinter einem freundlichen Lächeln zu verbergen. Aber sich selbst können sie nicht über die Tatsache hinwegtäuschen: »Es ist böses Wasser und das Land unfruchtbar.« Wenn da steht »böses Wasser«, dann soll das so viel wie »faul« heißen. »Unfruchtbar« bedeutet durchaus nicht, dass dort überhaupt nichts wächst, sonst könnte das Städtchen nicht einen so bezaubernden Eindruck hinterlassen. Es heißt im Urtext, dass der Boden Missernten hervorbringt. Im Frühjahr weist alles auf eine reiche Ernte hin. Es grünt und blüht und die Erwartungen auf eine gute Ernte sind groß. Da ist es ziemlich einfach, die Einwohner um ihr Land zu beneiden.

Gerade das ist die Tragik dieser Stadt: Vielleicht hofft der eine oder der andere immer noch auf ein Wunder und auf bessere Zeiten. Aber eine innere Stimme spricht dagegen: »Es bleibt, wie es ist! Es wird auch in diesem Jahr sein wie in früheren Jahren!« Und dann passiert wieder dasselbe: Wenn die Frucht anfangen soll, reif zu werden, fällt sie ab, zu früh, nicht ausgereift und ungenießbar. Sie fällt ab, um zu verfaulen, ohne neue Frucht erzeugen zu können. Das ist der Kummer dieser wunderbaren Stadt.

Wie täuscht sie – nicht die eigenen Einwohner, doch die Fremden. Könnte dies das Bild deines Lebens sein? Es ist das Bild eines fleischlichen Christen. Vielleicht verletzt dich der Verdacht, du seist ein »fleischlicher« Christ. Das ist doch jemand, der vom rechten Weg abgekommen ist; der früher einmal regelmäßig zur Kirche ging und heute vielleicht Ehebruch treibt. Aber du irrst dich. Dies ist nur *eine* Art von Fleischlichkeit und die dürfte man dir bestimmt nicht nachsagen.

Hier ist die Rede von Sonntagsschul- und Kindergottesdiensthelfern, von Gemeindehelfern und Pastoren, von Missionaren auf dem Missionsfeld und vielen aufrichtigen, ernsthaften Christen. Sie alle sind liebenswerte Menschen. Es ist eine Freude, ihnen zu begegnen. Sie kennen die Sprache der Erlösung und meinen jedes Wort, das sie sagen, ganz bitterernst. Sie sind keine Heuchler. – Nur müde sind sie, viele unter ihnen sogar sehr, sehr müde! Gott weiß, wie müde sie sind; aber Heuchler sind sie nicht.

Innerlich brechen sie fast zusammen unter der Erkenntnis ihres Versagens, ihrer Niederlagen, Hilflosigkeiten, Verzweiflung und Unfruchtbarkeit – aber wenn du ihnen begegnest, lächeln sie freundlich, und dieses Lächeln ist ernst gemeint. Sie werden deine Hand fassen und sagen: »Gott sei gedankt, dass wir uns getroffen haben.« Sie werden dir für die Gemeinschaft danken. Doch wenn du diesen Dank – der guten Botschaft wegen, die du von ihnen hörtest – erwiderst, tut es ihnen weh, weil sie wissen, was du nicht wissen kannst: dass sie viele Jahre vergebens gearbeitet haben.

Die Frucht, die anderen ins Auge fällt, ist oft, viel zu oft, grausam oft, vorzeitig abgefallen, unreif und ungenießbar; abgefallen, um zu verfaulen, ohne andere Frucht hervorbringen zu können.

Es könnte Strophe um Strophe das Lied von unzähligen braven Männern und Frauen gesungen werden, die unermüdlich, unbeirrbar aus Pflichtgefühl, Liebe und Hingabe immer und immer wieder weitergemacht haben – aber ganz verborgen, in ihrem Herzen, sind sie müde, fast unerträglich müde. Wieder und wieder haben sie zu Gott gerufen, gefleht und geweint: »O Gott, du weißt, wie unfruchtbar ich bin, ja, du weißt es!« Aber die Antwort haben sie nicht gefunden. – Geht es dir ebenso?

Diese Not wurde den Bewohnern der Stadt schließlich unerträglich und sie kamen zu dem Mann Gottes, um ihm die ganze Geschichte zu erzählen.

> Er sprach: Bringt mir her eine neue Schale und tut Salz hinein! Und sie brachten's ihm. Da ging er hinaus zu der Wasserquelle und warf das Salz hinein und sprach: So spricht der Herr: Ich habe dies Wasser gesund gemacht; es soll hinfort weder Tod noch Unfruchtbarkeit von ihm kommen. So wurde das Wasser gesund bis auf diesen Tag nach dem Wort Elisas, das er sprach.
> *2. Könige 2,20-22; LUT*

Da ging er hinaus zu der Wasserquelle und warf Salz hinein. Was heißt »Salz«? Salz spricht von dem Auferstehungsleben des verherrlichten Erlösers, dessen du als erlöster Sünder teilhaftig geworden bist durch den Heiligen Geist. Da ist das Holz gegen die Bitterkeit und das Salz gegen die Unfruchtbarkeit. So wie du mit Gott versöhnt bist durch den Tod von Jesus Christus, so erfährst du täglich die Erlösung durch sein Leben.

Nur das Leben von Jesus, sein Wirken, das in dir verborgen ist und durch dich Gestalt gewinnt, kann letzten Endes Gottes Zustimmung finden. Als begnadigte Sünder sollen wir »Gottes heilige Priester sein und ihm geistliche Opfer bringen«, die er durch unsere »Gemeinschaft mit Jesus Christus annimmt!« (1. Petrus 2,5). Nur Jesus Christus macht dein Opfer angenehm vor Gott. Gottes Zustimmung findet nur, was er in dir und durch dich vollbringt. Gott kann und will nichts Geringeres annehmen.

»Würzt alle eure Speiseopfer mit Salz! Vergesst es nie, euren Speiseopfern Salz hinzuzufügen: das Zeichen für die Beständigkeit des Bundes eures Gottes. Salzt alle eure Opfergaben« (3. Mose 2,13).

Nach dem Gesetz, das Gott dem Mose gab, durfte unter keinen Umständen irgendein Opfer ohne Salz dargebracht werden. Die Aufrichtigkeit des Opfernden, die Kostspieligkeit des Opfers, ja das edelste Motiv konnte nichts daran ändern. Ohne Salz nahm Gott kein Opfer an. Hesekiel 43,24 bestätigt diesen Brauch: »Bring beide (die Opfer) vor den Herrn, und die Priester sollen sie mit Salz bestreuen und sie dem Herrn als Brandopfer darbringen.« Durch das Salz wurden die Opfer annehmbar vor Gott.

In Lukas 14,33 spricht Jesus von den Mindestforderungen wahrer Nachfolge: »Genauso kann auch niemand mein Jünger sein, ohne alles für mich aufzugeben.« Hier ist buchstäblich *alles* gemeint, was ein Mensch hat – sich selbst und alles, was er besitzt. Er muss seine ganze Armut erkennen, um dann auch bereit zu sein, all den Reichtum entgegenzunehmen, der nur von dem Einen kommt, den Gott ihm schon geschenkt hat. Das ist die Voraussetzung für die Jüngerschaft.

Lukas 14,34-35 fährt fort: »Salz ist gut zum Würzen. Aber wie macht man es wieder salzig, wenn es seine Würzkraft verliert? Geschmackloses Salz eignet sich weder für den Boden noch als Dünger. Es wird weggeworfen. Wer bereit ist zu hören, soll zuhören und begreifen!«

Im Mittleren Osten ist Salz etwas sehr Kostbares. Ich diente dort während des Krieges. Für eine Prise Salz konnten wir von den Arabern alles bekommen. Das Geschäft blühte. Für ein wenig Salz bekamen wir ein Dutzend Eier oder sogar ein Huhn. Das letzte Hemd hätten sie uns für ein bisschen Salz gegeben – obwohl das ein zweifelhaftes Geschäft gewesen wäre! Salz war so wichtig, weil damit Fleisch und Fisch haltbar gemacht wurden. Weil Salz knapp war, kamen Ersatzstoffe auf den Markt. Gut genug »zum alsbaldigen Verbrauch« und auch angenehm im Geschmack. Doch konnte man die Nahrungsmittel damit nicht haltbar machen. Binnen ganz kurzer Zeit wurden sie unter den dortigen Bedingungen ungenießbar, verfaulten und waren durch den abscheulichen Gestank nicht einmal mehr für den Mist brauchbar.

So wie es Salzersatz gibt, so gibt es auch christliche Aktivität, die gut »zum alsbaldigen Verbrauch« taugt. Oft sehr beeindruckend und manchmal sehr gefragt. Nur hinterlässt sie einen üblen Geruch, weil sie aus dem Fleisch kommt. Es ist eine Aktivität, geboren aus dem Ich. Sie erzeugt immer die Art von Frucht, die abfällt, ehe sie reif geworden ist, und verfault, ohne neue Frucht hervorgebracht zu haben.

»Das ist Gottes Werk, dass ihr an den glaubt, den er gesandt hat« (Johannes 6,29; LUT). Gottes Werk wird in vollkommener Abhängigkeit getan, in der Abhängigkeit von dem, den Gott gesandt hat und der dich mit seinem Leben erfüllt. Er ist das wahre Salz, und durch ihn sind wir zum Salz der Erde gemacht.

Salz wird auch »das Salz des Bundes« genannt (3. Mose 2,13; LUT). Es ist das Zeichen der unerschütterlichen Treue Gottes. Es ist das Zeichen der Verheißung Gottes, sein Ziel in den Herzen derer zu erreichen, die er »durch den geliebten Sohn so reich beschenkt hat. Seine Gnade ist so groß, dass er unsere Freiheit mit dem Blut seines Sohnes erkauft hat, sodass uns unsere Sünden vergeben sind« (Epheser 1,6-7). Das ist das Holz gegen die Bitterkeit. »Ihr habt an Christus geglaubt, und er hat euch mit dem Siegel seines Heiligen Geistes, den er vor langer Zeit zugesagt hat, als sein Eigentum bestätigt. Der Heilige Geist ist die Garantie dafür, dass er uns alles geben wird, was er uns versprochen hat« (Epheser 1,13-14). Das ist das Salz des Bundes – das Salz gegen die Unfruchtbarkeit. Das ist das Auferstehungsleben von Jesus Christus, das jedem wahren Gläubigen durch die Gegenwart des Heiligen Geistes vermittelt wird.

Jesus Christus spricht: »›Wer an mich glaubt, aus dessen Innerem werden Ströme lebendigen *(nicht faulen, ungesunden)* Wassers fließen, wie es in der Schrift heißt.‹ Mit dem ›lebendigen Wasser‹ meinte er den Geist, der jedem zuteilwerden sollte, der an ihn glaubte. Aber der Geist war noch nicht gekommen, weil Jesus noch nicht verherrlicht worden war« (Johannes 7,38-39). Das ist das Salz an der »Quelle« (2. Könige 2,21).

Von Esra wird gesagt: »Er war Schriftgelehrter, bewandert im Gesetz von Mose, das der Herr, der Gott Israels, gegeben hatte. Der König gab ihm, worum er bat, weil der Herr, sein Gott, seine Hand über ihn hielt« (Esra 7,6). Es ist eine wunderbare Sache, solch ein Verhältnis zu Gott zu haben, dass alles, was du brauchst, dir unter allen Umständen gegeben wird, nach der »Hand Gottes über dir«. »Esra hatte beschlossen, das Gesetz des Herrn zu studieren, ihm zu gehorchen und Israel in Satzung und Recht zu unterweisen« (Esra 7,10). Er hatte in seinem Herzen beschlossen: Ich will den Willen Gottes im Wort Gottes suchen, die Wege Gottes gehen und das Wort Gottes lehren. Darum war er unter denen, die Gott rief, den Tempel Gottes wieder aufzubauen, zu reinigen und wieder mit dem rechten Gottesdienst zu erfüllen.

Esra hatte von dem König einen Brief bekommen, in dem es heißt: »Ich, König Artahsasta, weise hiermit sämtliche Schatzmeister der Provinz westlich des Euphrat an: ›Ihr sollt Esra, dem Priester und Gelehrten des Gesetzes des Gottes des Himmels, geben, was immer er von euch fordert‹« (Esra 7,21). Was hatte sich Esra erbeten, um den rechten Gottesdienst im gereinigten Haus Gottes wieder aufzurichten? »Ihr sollt ihm bis zu 100 Talente Silber, 100 Sack Weizen, 100 Eimer Wein, 100 Eimer Olivenöl und unbegrenzte Mengen Salz geben« (Esra 7,22). Er hatte dem König – mit anderen Worten – gesagt: Ich brauche hundert Maß hiervon und hundert davon und hundert von jenem … aber ich brauche unbeschränkte Mengen Salz. Denn Gott wird nichts annehmen, sei es noch so kostbar, so echt oder so lauter, wenn es nicht mit Salz dargebracht wird. Ich muss Salz in Mengen haben!

Ist das nicht ein wunderbares Bild? Gott hat dir Salz ohne Maß gegeben! »Er wird euch großzügig mit allem versorgen, was ihr braucht. Ihr werdet haben, was ihr braucht, und ihr werdet sogar noch etwas übrig behalten, das ihr mit anderen teilen könnt« (2. Korinther 9,8).

Brauchst du dieses Salz in deinem Leben?
Dann stelle dich darauf ein, wie damals Esra das Gesetz des Herrn zu erforschen und zu befolgen. In Christus

ist dir alles gegeben. Durch seinen Tod und seine Auferstehung hast du alles, was du brauchst, um gereinigt und erfüllt zu werden. Lass ihn zu dir sprechen: »Ich habe dies Wasser gesund gemacht; es sollen hinfort weder Tod noch Unfruchtbarkeit von ihm kommen« (2. Könige 2,21; LUT).

3

Im Leben herrschen

Eine einzigartige biblische Geschichte ist der Bericht, wie Gott sein Volk Israel aus Ägypten durch die Wüste in das Land Kanaan geführt hat. Es ist, als hätte der Heilige Geist uns hier einen »goldenen Schlüssel« gegeben, einen Hinweis, einen Rahmen, in dem alle bunten Fäden der Wahrheit zusammenlaufen. Die Aufgabe dieses Kapitels ist, zu zeigen, was es heißt, in Ägypten, in der Wüste und in Kanaan zu sein.

Viele Jahre lang wurden die Kinder Israel von den Ägyptern unterdrückt. Sie litten unter der Last, die ihnen ihre Fronherren auferlegten. Sie waren zu hilflos, um sich selbst helfen zu können. Ihre einzige Hoffnung war die Verheißung, die Gott Abraham vierhundert Jahre zuvor gegeben hatte, er würde sich ihrer annehmen und sie erlösen.

Das ist Gottes Bild von einem Menschen, der in seiner Sünde lebt. Als der Mensch in Sünde fiel, entzog Gott dem Geist des Menschen seinen Heiligen Geist. Obwohl der Mensch körperlich am Leben blieb und seine Seele in ihren Funktionen des Denkens, Fühlens und Wollens weiterexistierte, hatte er Gott verloren. Der Verlust der Gegenwart Gottes war sein geistlicher Ruin. Nur durch die Gegenwart des Heiligen Geistes in seinem Geist hatte er teil an Gottes Leben. Gott hatte ihn verlassen!

Das war die Folge der Sünde – Nichtvorhandensein geistlichen Lebens. So wie das Fehlen körperlichen Lebens körperlichen Tod bedeutet, so bedeutet das Fehlen geistlichen Lebens geistlichen Tod. »Denn der Lohn der Sünde ist der Tod« (Römer 6,23); nicht letzte Konsequenz der Sünde irgendwann in der Zukunft, sondern jetzt als Folge der Sünde, seit dem Sündenfall. Das ist der Sünde Lohn, gegenwärtig im Leben aller, die nicht errettet sind. In diesem Zustand geistlichen Todes werden wir alle geboren, Opfer des Prinzips der Sünde, in dessen Griff das menschliche Herz seit seinem Abfall von Gott steckt.

Die Bibel nennt dieses Prinzip »das Fleisch«. Das bezieht sich keineswegs auf den menschlichen Körper, der an sich nicht sündhaft ist. Mit »Fleisch« meint die Bibel vielmehr eine böse Neigung, der alle menschliche Bosheit entspringt, wie Jesus es im Markusevangelium sagt:

> Es sind seine Gedanken, die den Menschen verunreinigen. Denn von innen, aus dem Herzen eines Menschen, kommen böse Gedanken wie Unzucht, Diebstahl, Mord, Ehebruch, Habgier, Bosheit, Hinterlist, Vergnügungssucht, Neid, Verleumdung, Stolz und Unvernunft. Alle diese üblen Dinge kommen von innen heraus; sie sind es, die den Menschen unrein machen.
> *Markus 7,20-23*

Wie das Land Ägypten unseren Zustand im geistlichen Tod darstellt, so vergleicht er die ägyptischen Sklaventreiber mit dem Fleisch in seiner Gewaltherrschaft über das menschliche Verhalten. Paulus schreibt darüber im Römerbrief: »Wenn ich Gutes tun will, tue ich es nicht. Und wenn ich versuche, das Böse zu vermeiden, tue ich es doch. Aber wenn ich tue, was ich nicht will, dann tue nicht ich es, sondern die Sünde in mir« (Römer 7,19-20). Sünde – in diesem Sinn als Wort in der Einzahl gebraucht – ist gleichbedeutend mit Fleisch. Fleisch ist die Wurzel, aus dem die Frucht – Sünden – erwächst. In diesem unserem Fleisch wohnt nichts Gutes (Römer 7,18). »Denn die menschliche Natur steht Gott grundsätzlich feindlich gegenüber. Sie hat sich nicht dem Gesetz Gottes unterstellt und wird es auch nicht können« (Römer 8,7). Genauso wenig wie es Gottes Wille ist, dass du in dem Zustand geistlichen Ruins verharrst, so wenig war es sein Wille, sein Volk unter der Geißel der ägyptischen Sklaventreiber im Land ihrer Knechtschaft zu lassen. Es ist darum nicht erstaunlich, dass die Geschichte so sehr die Mittel betont, mit denen Gott sein Volk aus Ägypten befreite.

Gott rief Mose. Durch ihn gab er dem Volk Befehl, ein Lamm ohne Fehl zu nehmen und es zu schlachten, ohne ihm ein Bein zu brechen. Mit dem Blut des Lammes sollten sie die Türpfosten und die Oberschwelle eines jeden Hauses bestreichen. Es ist des Herrn Passah. In der Nacht, in der sie das Lamm schlachteten, würde Gottes Gericht über die Ägypter kommen. Alle Erstgeburt würde sterben, vom ersten Sohn des Pharao an bis zur Erstgeburt des Viehs. Gottes Plan für Israel lautete:

> Das Blut soll ein Zeichen sein an den Häusern, in denen ihr seid: Wenn ich das Blut sehe, werde ich an euch vorübergehen und euch verschonen. Diese Todesplage wird euch nicht treffen, wenn ich Ägypten strafe. Ihr sollt diesen Tag immer in Erinnerung behalten. Jedes Jahr sollt ihr und eure Nachkommen ihn als ein besonderes Fest für den Herrn begehen. Diese Anordnung gilt für alle Zeiten.
> *2. Mose 12,13-14*

Dieses Bild weist auf die Ereignisse am Kreuz hin. Johannes der Täufer nannte Jesus Christus »das Lamm Gottes, das die Sünde der Welt wegnimmt« (Johannes 1,29), und in 1. Korinther 5,7 heißt es: »Denn Christus, unser Passahlamm, ist für uns geopfert worden.«

So wie das Passahlamm Gottes Gericht anstelle der Erstgeburt im Volk Israel trug, so nahm Jesus Christus Gottes Gericht für unsere Sünden auf sich. Petrus schreibt uns: Christus hat gelitten für unsere Sünden, »der Gerechte für die Ungerechten, damit er euch zu Gott führte« (1. Petrus 3,18; LUT). Das ist Gottes Heilsplan für uns. Als Jesus Christus am Kreuz starb, vollzog Gott an ihm das Gericht über deine Sünde. Jesus Christus nahm aus eigenem freien Willen den Tod an deiner statt auf sich, damit du mit Gott versöhnt wirst und Vergebung der Sünden empfängst.

Gott verlangte von seinem Volk Israel nur, das Blut im Glauben nach seinem Gebot anzuwenden und seiner Verheißung der Errettung zu vertrauen. Das Einzige, was Gott von dir verlangt, ist, im Glauben den Tod von Jesus Christus zur Sühnung deiner Schuld anzunehmen, der Vergebung aufgrund seiner Verheißung zu vertrauen und in echter Demut Danke zu sagen.

In der gleichen Nacht, als Gottes Gericht über Ägypten kam – so erzählt die Geschichte weiter –, führte er sein Volk durch die Hand Moses aus Ägypten und dann durch das Schilfmeer. Durch Gottes wunderbare Hilfe gingen die Israeliten trockenen Fußes durch das Meer. Die Ägypter aber, die ihnen folgen wollten, ertranken.

Während Gottes Volk durch den Todesort – das Meer – hindurch in ein neues Land und neues Leben zog, wurde der Feind im Todesort – dem Meer – begraben.

Im 1. Korintherbrief steht ein für diesen Zusammenhang wichtiger Abschnitt: »Liebe Brüder, vergesst nicht, was vor langer Zeit unsere Vorfahren in der Wüste erlebt haben. Gott ging ihnen in einer Wolke voran und führte sie sicher durchs Meer. Alle wurden in der Wolke und im Meer auf Mose getauft, als sie ihm folgten« (1. Korinther 10,1-2). Paulus beschreibt die Kinder Israel hier als »auf Mose getauft«. Sie waren Mose alle durch das Meer gefolgt, das ihnen zum Tode geworden wäre, hätte Gott das Wasser nicht auf wunderbare Weise geteilt und sie hindurch aufs trockene Land gebracht.

In Römer 6,3-4 lesen wir zum Vergleich: »Oder wisst ihr nicht, dass wir mit Jesus Christus gestorben sind, als wir auf seinen Namen getauft wurden? Denn durch die Taufe sind wir mit Christus gestorben und begraben. Und genauso wie Christus ... von den Toten auferstanden ist, so können auch wir jetzt ein neues Leben führen.« Die ägyptischen Sklaventreiber kamen im Meer des Todes um, während die Kinder Israel durch ein Wunder Gottes aus dem Tode errettet wurden. Geistlich gesehen hat Gott den Tod des Fleisches, des Tyrannen unserer Seele, in den Tod von Jesus Christus eingeschlossen. Durch den Glauben gehen wir mit Christus in den Tod, und dort in seinem Tode ist das Fleisch begraben. So hat das Kreuz nach Gottes Heilsplan eine zweifache Aufgabe: Es bringt uns *Vergebung* der Sünde, denn Christus nahm die Strafe unserer Sünde in seinem Tode auf sich, *für uns*. Es bringt uns auch *Befreiung* von der Macht der Sünde, denn unsere alte sündige Natur, das Fleisch, starb *mit ihm*.

Daraus ergibt sich ganz von selbst die Frage: Wenn meine alte Natur in Gottes Plänen als gekreuzigt gilt und ich sie im Glauben als gekreuzigt betrachten soll, welches mich beherrschende Lebensprinzip nimmt ihren Platz von jetzt ab ein? Die biblische Antwort finden wir im Galaterbrief:

> Doch als der festgesetzte Zeitpunkt da war, sandte Gott seinen Sohn, geboren von einer Frau und dem Gesetz unterstellt. Gott sandte ihn, um uns aus der Gefangen-

> schaft des Gesetzes freizukaufen und als seine Kinder anzunehmen. Und weil ihr seine Kinder geworden seid, hat Gott euch den Geist seines Sohnes ins Herz gegeben, sodass ihr zu Gott nun »lieber Vater« sagen könnt.
> *Galater 4,4-6*

Sobald du errettet bist durch den Glauben an den, der für dich starb, sendet Gott seinen Heiligen Geist in deinen menschlichen Geist. Durch seine Gegenwart hast du teil an dem Leben des auferstandenen Jesus, bist du teilhaftig der göttlichen Natur:

> Denn dessen göttliche Kraft hat uns ja alles gegeben, was wir brauchen, um ein Leben zu führen, das Gott gefällt. Das kam dadurch, dass wir den erkannt haben, der uns durch seine Herrlichkeit und Güte berufen hat. Und durch dieselbe mächtige Kraft hat er uns seine kostbaren und größten Zusagen geschenkt. Er hat versprochen, dass ihr Anteil an seiner göttlichen Natur bekommt, denn ihr seid dem Verderben dieser verführerischen Welt entflohen.
> *2. Petrus 1,3-4*

Ich könnte zu meinem Handschuh sagen, er soll meine Bibel herreichen, aber mein Handschuh wird das nicht fertigbringen. Er hat einen Daumen und Finger, er hat die Form meiner Hand, und doch kann er nicht tun, was ich ihm gebiete. Vielleicht sagt jemand, ich hätte versäumt, ihm zu erklären, wie man es macht. Auch das kann ich versuchen, bis meine Geduld zu Ende ist, aber der Handschuh wird es nicht schaffen. – Und doch habe ich einen Handschuh, der meine Bibel schon viele Male getragen hat. Allerdings nie, ohne dass meine Hand in ihm gesteckt hätte. Sobald meine Hand in den Handschuh fährt, ist er genauso stark wie sie. Alles, was meine

Hand tun kann, wird auch dem Handschuh möglich sein, aber nur solange er meine Hand bei all ihrem Tun bekleidet.

Genauso ist es, wenn Christus durch seinen Geist in dir wohnt. Du bist der Handschuh und Christus ist die Hand. Alles, was er kann, wird auch *dir* möglich sein. Du wirst mit Paulus sagen können: »Denn alles ist mir möglich durch Christus, der mir die Kraft gibt, die ich brauche« (Philipper 4,13). Alles, was du zum göttlichen Wandel brauchst, bekommst du durch den auferstandenen Herrn, der durch seinen Geist in dir gegenwärtig ist.

In ihm hast du alles, was du für ein Leben in Gerechtigkeit und in Wahrheit brauchst. Von diesem Erfülltsein mit dem Leben von Jesus Christus spricht das Land Kanaan, das Land der Verheißung und des Überflusses.

Kanaan ist kein Symbol für den Himmel, irgendwann in der Zukunft, sondern für Christus selbst, der sein siegreiches Leben *heute* durch dich leben will! Eigentlich kann nur Jesus Christus das christliche Leben leben, so wie es Römer 5,10 zum Ausdruck bringt: Er versöhnt dich nicht nur mit Gott durch seinen Tod, sondern erlöst dich – von einem Augenblick zum andern – durch sein Leben. Er starb nicht nur für deine Vergangenheit. Er stand auf zu neuem Leben, um in dir anstelle deines alten Wesens zu herrschen: seine Kraft statt deiner Schwachheit! Seine Weisheit statt deiner Torheit! Seine Energie statt deiner Lauheit! Seine Barmherzigkeit statt deiner Habgier! Seine Liebe statt deiner Eigenlust! Sein Frieden statt deiner Probleme! Seine Freude statt deines Kummers! Sein Reichtum statt deiner Armut! Das bedeutet »in Kanaan sein«!

»Ich bin gekommen, um sie aus der Gewalt der Ägypter zu retten und sie aus Ägypten zu führen in ein schönes, weites Land, in ein Land, in dem Milch und Honig überfließen« (2. Mose 3,8). Das war Gottes Wille damals für sein Volk. Das ist Gottes Wille heute für sein Volk. Gott will anstelle des »natürlichen« Menschen, der fern vom göttlichen Leben ein Spielzeug des Teufels und ein Kind der Hölle geworden ist, einen »geistlichen Menschen«, erfüllt mit dem Geist von Jesus Christ, schaffen, der als Werkzeug der Gerechtigkeit und als Kind des Himmels lebt.

Warum aber brachten sie vierzig Jahre in der Wüste zu? Das war die Tragik der Kinder Israels und das ist die Tragik der Christen heute! Israel lebte vierzig Jahre lang in selbst erwählter Armut! Jeder Tag in der Wüste hätte ein Tag im Gelobten Land sein können; denn Gott hat ihnen das Land gegeben. Sie konnten nicht glauben – das war ihr Fehler –, dass Gott, der sie herausgeführt hatte aus Ägypten, sie hineinführen kann in das Land Kanaan.

Die Wüste zwischen Ägypten und Kanaan beschreibt den Zustand des »fleischlichen« Christen! Als fleischlicher Christ bist du durch deinen Glauben an den Opfertod von Jesus mit Gott versöhnt. Du hast die Gabe des Heiligen Geistes wohl empfangen, durch den du Teilhaber seines Lebens geworden bist, aber du lebst trotzdem in selbst erwählter Armut und unter der Macht eines besiegten Feindes, nämlich des Fleisches, obwohl Christus es mit sich in den Tod genommen hat. Du machst es genau wie die Kinder Israel, die sich vierzig Jahre lang von der Erinnerung an einen Feind beherrschen ließen, den Gott bis auf den letzten Mann im Schilfmeer begraben hatte. Darum konnten sie weder die »Fleischtöpfe Ägyptens« noch das Korn des Gelobten Landes genießen; sie waren in der Wüste stecken geblieben.

Der Unglaube der Kinder Israel betrog sie um den Segen ihrer Befreiung aus Ägypten. So existierten sie lediglich, um den guten Namen ihres Erlösers zu verunglimpfen. Nichts ist so mitleiderregend wie der Anblick eines Christen, dem Gott »die ganze Fülle der Gottheit leibhaftig« in Christus geschenkt hat, der aber aus Unwissenheit oder in Verachtung des Segens ein erbärmliches Dasein in seinem »aus Ägypten« mitgeführten Unglauben fristet. All der unausschöpfliche Reichtum des Himmels gehört ihm, aber ziellos und sinnlos treibt er dahin, weil er nicht nehmen will, was Gott ihm gegeben hat.

Es dauerte vierzig mühsame Jahre, bis Gott sein Volk durch Josua lehren konnte, dass man durch den gleichen Glauben in das Land der Verheißung hineinkommt, durch den man aus dem Land der Knechtschaft herausgekommen ist! Durch den Glauben, der Gott vertraut und darum Danke sagt! Als sie schließlich ihre Füße in die Fluten des Jordan setzten, teilte Gott seine Wasser, wie er einst die Wasser des Schilfmeers geteilt hatte. Trockenen Fußes konnten sie hindurchgehen und endlich ihren Besitz in Besitz nehmen.

Der fleischliche Christ hat den Heiligen Geist empfangen und mit ihm all die Fülle des Herrn Jesus Christus. Aber er kämpft und müht sich, das christliche Leben zu leben, als sei Christus nicht da! Er bettelt und fleht um Segnungen, die Gott ihm schon lange gegeben hat. Er versäumt, im Glauben die Tatsache zu ergreifen, dass Christus sein Leben ist und damit auch sein Sieg.

Christenleben ist ein ausgewechseltes Leben: »Ich aber bin mit Christus gekreuzigt … Ich lebe, aber nicht mehr ich selbst, sondern Christus lebt in mir« (Galater 2,19-20). »Christus ist mein Leben …« (Philipper 1,21).

Es gibt drei Lebensarten: in Ägypten, in der Wüste und in Kanaan. Nach welcher lebst du? Bist du in Ägypten? Dann vertraue Christus als deinem Erlöser. Ergreife im Glauben die Versöhnung durch sein Blut! Nimm das Blut, das am Kreuz geflossen ist, für »Türpfosten« und »Oberschwelle« deines eigenen Herzens an. Dann darfst du ihm in kindlichem Glauben danken, dass du errettet bist!

Bist du in der Wüste? Dann sage deinem Unglauben ab! Vertraue Jesus Christus, damit sein Leben in dir herrschen kann, und zwar heute, auf dieser Erde. Dazu wurde sein Blut vergossen. Danke ihm, denn er ist dein Sieg, deine Kraft, deine Zukunft, alles, was du je brauchen wirst zu jeder Zeit und unter allen Umständen. »Denn in Christus lebt die Fülle Gottes in menschlicher Gestalt, und ihr seid durch eure Einheit mit Christus damit erfüllt« (Kolosser 2,9-10).

Bist du im Land der Verheißung? Dann sollst du »im Leben herrschen« (Römer 5,17; LUT). Herrschen durch den Einen, Jesus Christus! Du sollst dich freuen mit »herrlicher, unaussprechlicher Freude« (1. Petrus 1,8)! Du sollst wissen: »Wohin ihr auch geht, werdet ihr Land betreten, das ich euch geschenkt habe.« Darum ist dir geboten: »Sei stark und mutig! Hab keine Angst und verzweifele nicht. Denn ich, der Herr, dein Gott, bin bei dir, wohin du auch gehst« (Josua 1,3.9). Das ist dein Sieg, »dein Glaube« (1. Johannes 5,4).

Herr Jesus Christus,
ich danke dir, dass du am Kreuz für mich gestorben bist. Ich bekenne meine Schuld und Sünde. Ich komme zu dir als meinem Heiland; erlöse du mich! Vergib mir und reinige mich! Komm du jetzt durch deinen Heiligen Geist in mein Leben! Du bist alles, was ich je brauchen werde! Du bist mein Leben! Du wirst mich nie verlassen noch versäumen. Du wirst mich führen und bewahren. Herr Jesus Christus, du bist mein Heiland, mein Herr, mein Gott und mein Leben! So soll es in Ewigkeit sein!
Amen.

4

Ein Tag zum Gedächtnis

Das vorige Kapitel hat in großen Zügen den »goldenen Schlüssel« zu der geistlichen Bedeutung der frühen Geschichte Israels gebracht. Die folgenden Kapitel sollen auf die näheren Einzelheiten eingehen. Einige Wiederholungen werden sich nicht vermeiden lassen.

In 2. Mose 12 lesen wir: »Der Herr gab Mose und Aaron in Ägypten folgende Anweisungen: ›Von nun an soll dieser Monat der erste Monat des Jahres für euch sein. Sagt der ganzen Gemeinde Israel: Am zehnten Tag dieses Monats soll jeder für seine Familie ein Lamm aussuchen.‹« Ein Tag dieses Monats sollte also von so großer Bedeutung sein, dass mit ihm ein ganz neues Zeitalter für die Kinder Israel anbrechen würde, so als hätten sie früher überhaupt nicht gelebt. Es sollte wirklich ein »Tag zum Gedächtnis« werden.

Es braucht kaum näher erläutert zu werden, was dieser Tag symbolisierte: den Tag, an dem ein Mensch Frieden mit Gott findet, Versöhnung und das Heil in Jesus Christus. Kannst du dich an solch einen Tag erinnern? Hast du einen »Gedenktag« in deinem Leben?

Ich kann mich noch heute an den Tag erinnern, als ich als Zwölfjähriger Jesus Christus als meinen persönlichen Heiland annahm. Ich weiß noch genau, wie spät es war, und ich könnte dich auch mit Bestimmtheit noch an die Stelle führen, wo es passierte. Aber davon wussten nur ich und mein Erlöser etwas. Kein Mensch sonst ahnte etwas davon. Dieser Tag war der erste einer neuen Zeit für mich und dieser Monat war der erste eines neuen Lebens. Ich weiß nicht mehr viel aus der Zeit vor meinem zwölften Lebensjahr. Es kam mir so vor, als hätte ich vorher nur existiert, dann aber zu leben begonnen; es wurde ein Gedenktag für mein Leben.

> »Es muss ein einjähriges, männliches Tier ohne Fehler sein … Dann sollen alle, die zur Gemeinde Israel gehören, ihr Lamm gegen Abend schlachten. Sie sollen etwas von dem Blut des Lammes nehmen und an die beiden Türpfosten und den oberen Türbalken des Hauses streichen, in dem sie es essen.«
> *2. Mose 12,5-7*

Hier haben wir eins der schönsten Bilder, die wir im Wort Gottes über unsere Erlösung finden. Der Heilige Geist lässt uns nicht im Zweifel über die geistliche Bedeutung des Passahlammes. In 1. Korinther 5,7 steht geschrieben: »Denn Christus, unser Passahlamm, ist für uns geopfert worden.« Christus ist das Lamm, »das die Sünde der Welt wegnimmt« (Johannes 1,29). Nur wer unter seinem vergossenen Blut geborgen ist, entgeht dem Letzten Gericht, das Gott in seiner Heiligkeit über die Sünde und die sündigen Nachkommen Adams ausüben muss.

Das Bild ist unmissverständlich. Wenn du deine Schuld vor einem heiligen Gott anerkennst und in Jesus Christus demütig den erkennst, in dem deine Sünde ein für alle Mal gerichtet ist, dann verbindest du das Wort von der Versöhnung mit dem Glauben. Du vertraust dich ihm völlig an und bist erlöst. Im Glauben nimmst du das kostbare Blut des Lammes für die »Türpfosten und die Schwellen« deines Herzens in Anspruch – und der Zorn Gottes wendet sich von dir ab. Das ist ein Hinweis auf das stellvertretende Opfer von Jesus Christus – auf sein Werk als Stellvertreter, in dem er für dich zur Sünde gemacht wurde, damit du in ihm die Gerechtigkeit würdest, die vor Gott gilt (2. Korinther 5,21).

Das ist der erste Tag! Hier beginnt das wahre Leben! Kannst du dich an den Augenblick erinnern, in dem du als schuldiger Sünder in Demut deine Not bekannt und Jesus Christus, der dir allein Frieden mit einem heiligen Gott vermitteln kann, als deinen Heiland angenommen hast?

Beachte, wie das Passahfest gefeiert wurde: »Beim Essen sollt ihr für die Reise angezogen sein, eure Sandalen an den Füßen und euren Wanderstab in der Hand. Esst es in Eile, denn es ist das Passah des Herrn!« (2. Mose 12,11). An dem Tag, als sie das Blut in Anspruch nahmen, mussten sie ihren Auszug vorbereiten. Dieser Tag stellte für sie den Anfang einer Reise dar. Das sollte kein einmaliges Erlebnis sein, an dem man sich für kurze Zeit erfreut, um es dann ebenso schnell zu vergessen. Oder eine Art von Begeisterung, an die man hin und wieder gern zurückdenkt. Das Passah sollte der Anfang, der Weg, und nicht das Ende sein. Von diesem Tag an konnten sie nie wieder dieselben sein. Sie sollten eine Reise antreten.

Das ist von höchst wichtiger Bedeutung. Im Römerbrief finden wir das neutestamentliche Gegenstück zu dieser Wahrheit: »So gibt es nun keine Verdammnis für die, die in Christus Jesus sind …, die wir nun nicht nach dem Fleisch wandeln, sondern nach dem Geist« (Römer 8,1.4; LUT). Das Neue Testament beschreibt einen Menschen »in Christus« als einen, der am Wendepunkt der Errettung zu einem neuen Wandel geführt ist: »nicht nach dem Fleisch, sondern nach dem Geist«. Dein Anspruch, »in Christus zu sein« und darum nicht mehr unter dem Verdammungsurteil zu stehen, hat nur Gültigkeit, wenn dein Leben dein neues Verhältnis zu Gott bestätigt. Ich kenne kein Wort in der Schrift, das dir Erlösung von Verdammnis verspricht, ohne nicht gleichzeitig eine radikale Änderung deines Lebens zu fordern. Ein Leben, das beherrscht wird von einem völlig neuen Prinzip. Bereits gerüstet für ihre Reise, die sie *aus* Ägypten nach Kanaan *hineinbringen* sollte, mussten sie das Passah feiern.

> Mose sagte zum Volk: »Erinnert euch immer an den Tag, an dem ihr aus Ägypten, dem Ort eurer Sklaverei, weggezogen seid. Denn der Herr hat euch mit großer Macht von hier weggeführt … Wenn euch der Herr in das Land der Kanaaniter, Hetiter, Amoriter, Hiwiter und Jebusiter gebracht hat, das er euren Vorfahren mit einem Eid versprochen hat – ein Land, in dem Milch und Honig überfließen –, dann sollt ihr dieses Fest jedes Jahr in diesem Monat feiern.«
> *2. Mose 13,3-5*

Aber ein Tag zum Gedächtnis konnte er erst *in dem Land* werden, das sie einnehmen sollten. Nur in dem *verheißenen Land* konnte das Volk diesen Tag in der rechten Weise erleben.

Sie kamen aus Ägypten. Das war das biblische Bild für den Menschen, der ohne Vergebung der Sünde und ohne Wiedergeburt lebt; ein Bild für die Lebensweise des »natürlichen Menschen«. Aber sie waren von diesem Leben befreit, um in das Land Kanaan zu kommen – das biblische Bild für den Menschen, der unter der Herrschaft des Heiligen Geistes lebt; ein Bild für die Lebensweise des »geistlichen Menschen«. Lass dich nicht täuschen von der zwar gut gemeinten, doch falschen Bedeutung, die das Gelobte Land in manchen bekannten Liedern einnimmt. Diese Lieder wurden von Menschen geschrieben, die an der wahren Bedeutung des Landes Kanaan vorbeigegangen sind.

Vergiss nicht: Das Land Kanaan bedeutet »Christus in dir«, jetzt, heute – und nicht im Himmel, irgendwann eines Tages. Du kannst dich nur in einer Weise deiner Erlösung durch den Tod von Jesus Christus so richtig erfreuen, und das ist in der Fülle seines Auferstehungslebens. Das ist eine grundlegende geistliche Wahrheit.

Es war nur ein Tag zum Gedächtnis in dem Land, das sie einnehmen sollten! »An diesem Tag sollt ihr euren Söhnen Folgendes erklären: ›Wir feiern diesen Tag zur Erinnerung an das, was der Herr für uns getan hat, als wir Ägypten verließen‹« (2. Mose 13,8). Kannst du dir vorstellen, wie wenig es einen kleinen Jungen beeindruckt, wenn sein Vater ihm mitten in der Wüste erklärt, das Passah sei zum Gedächtnis der Befreiung aus Ägypten?

Manna zum Frühstück, Manna zum Mittagessen, Manna zum Abendbrot! Der arme kleine Kerl kannte seit dreizehn oder mehr Jahren nichts anderes und jeder wusste, was es am nächsten Morgen zum Frühstück geben wird. Bestimmt war er sehr geneigt zu sagen: »Wenn das alles ist, was wir feiern, ist es da nicht besser, wir kehren nach Ägypten zurück? Ich habe gehört, wie ihr dort gelebt habt. War es nicht viel angenehmer als hier in der Wüste?«

Vielleicht wachsen so viele Kinder in christlichen Elternhäusern auf, ohne sich jemals zu Christus zu bekehren, weil ihre Eltern in der Wüste leben. Sie haben ihren Kindern so wenig von dem Reichtum eines Lebens in dem auferstandenen Herrn Jesus Christus gezeigt, dass diese unwillkürlich einen Ausweg aus der Eintönigkeit des Wüstenspeisezettels suchen.

Das Passah sollte neben zwei anderen Festen von der Zeit an, als sie aus Ägypten befreit worden waren, jedes Jahr gefeiert werden.

> »Dreimal im Jahr sollt ihr mir zu Ehren ein Fest feiern. Das erste ist das Fest der ungesäuerten Brote. Sieben Tage lang sollt ihr Brot essen, das ohne Sauerteig gebacken

wurde, wie ich es euch befohlen habe. Dieses Fest soll jedes Jahr zur festgesetzten Zeit im Monat Abib stattfinden, denn in diesem Monat seid ihr aus Ägypten ausgezogen. Ihr sollt auch das Fest der Ernte mit den ersten Erträgen eurer Ernte feiern und das Fest der Lese am Ende der Erntezeit.

2. Mose 23,14-16

Diese drei Feste sollten jedes Jahr von Gottes erlöstem Volk gefeiert werden: das Fest der ungesäuerten Brote (das Passah), das Fest der Erstlingsgabe und das Fest der Einsammlung.

Die Ernte dessen, »was du auf dem Felde ausgesät hast« – wie viel konnten sie in der Wüste säen oder einsammeln? Nichts! Wie viel Getreide hatten sie in der Wüste, um das Fest der ungesäuerten Brote zu halten? Kein bisschen! Wie konnten sie dann aber diese drei Feste jährlich in der Wüste feiern? Überhaupt nicht! Denn es konnte nur ein Tag zum Gedächtnis sein in dem Lande, das sie einnehmen sollten!

Es gibt nur einen Bericht über ein Passahfest auf der Wüstenwanderung, und das war im zweiten Jahr nach dem Auszug. 4. Mose 9,1-2: »Im ersten Monat des zweiten Jahres nach dem Auszug der Israeliten aus Ägypten sprach der Herr zu Mose in der Wüste Sinai: ›Die Israeliten sollen zur festgesetzten Zeit das Passahfest feiern.‹« Das ist der einzige Bericht. Und womit wurde gefeiert? Nur mit dem Korn, das sie aus Ägypten mitgebracht hatten.

Das hat eine Bedeutung. Wenn du nicht in der Fülle des Lebens aus Christus weitergehst, dann kannst du deine Bekehrung nur mit armseligen Mitbringseln aus der Zeit davor feiern. Das heißt aber mit anderen Worten »in der Kraft des Fleisches«. Das reicht vielleicht für die ersten paar Monate, aber dann wirst du verausgabt sein.

2. Mose 13,9: »... wie ein Zeichen auf eurer Hand ...« – das Passah soll zum Ausdruck bringen, dass du durch deine Erlösung »aus Ägypten« in deinen Handlungen anders geworden bist – »... oder an eurer Stirn ...« – durch deine Erlösung »aus Ägypten« hast du auch einen anderen Denksinn bekommen. »... dass ihr über die Anweisungen des Herrn reden und danach handeln sollt. Denn der Herr hat euch mit großer Macht aus Ägypten befreit.« Du bist nicht nur in deinen Handlungen und deinen Gedanken, sondern auch in deinem Reden anders geworden. Mit anderen Worten, es hat eine umwälzende Veränderung deines ganzen Wesens stattgefunden. Das sollte das Passahfest ausdrücken.

Es ist sehr interessant, einmal festzustellen, was sie in der Wüste getan, gedacht und gesagt haben:

Die Taten

»Dies sind die Gebote und Rechte, die ihr halten sollt, dass ihr danach tut im Lande, das der HERR, der Gott deiner Väter, dir gegeben hat, es einzunehmen, solange ihr auf Erden lebt« (5. Mose 12,1; LUT). – Sie sollten das Land besitzen und sich daran erfreuen, solange sie auf dem Erdboden lebten, nicht erst im Himmel. »Dort sollt ihr und eure Familien in der Gegenwart des Herrn, eures Gottes, feiern und euch an dem freuen, was ihr durch eurer Hände Arbeit und durch den Segen des Herrn, eures Gottes, erreicht habt.« – Alles, was ihr tun werdet, wird euch Freude sein. All euer Werk wird in Freude gehüllt sein. »Bis jetzt handhabte es jeder von uns so, wie es ihm gefiel, doch das muss sich jetzt ändern« (5. Mose 12,7-8). – Das war ihr Benehmen in der Wüste: Jeder tat, was ihm gefiel.

Sie hatten nicht das geringste Verständnis für die Autorität Gottes. Jeder tat, was ihn recht dünkte; ihr Verhalten richtete sich nach ihren eigenen Ideen, die zwar ernst gemeint waren, aber mit der Herrschaft Gottes in ihren Herzen nichts zu tun hatten.

Ein Mensch in der Wüste handelt vielleicht aus aufrichtigen Motiven; aber er wird immer versuchen, sein Verhalten gewissen Normen anzupassen. Sein christlicher Wandel und seine christliche Arbeit sind meist mehr eine Plage als die reine, ungetrübte Freude, die Gott seinen Kindern, die in der Kraft und Fülle des Heiligen Geistes wandeln, verheißen hat. – »Denn ihr seid noch nicht in das Land gekommen, das der Herr, euer Gott, euch als Erbteil geben wird, damit ihr in ihm zur Ruhe kommt« (5. Mose 12,9).

Wenn ihr immer noch nach eigenem Ermessen handelt, seid ihr bisher weder zu eurer Ruhe noch zu eurem Erbteil gelangt. Hebräer 4,9-10: »Es gibt also noch eine besondere Ruhe für das Volk Gottes, die noch in der Zukunft liegt. Wer in Gottes Ruhe hineingekommen ist, wird sich von seiner Arbeit ausruhen, so wie auch Gott nach der Erschaffung der Welt geruht hat.« Wer zu seiner Ruhe gekommen ist, hat das Recht aufgegeben, nach eigenem Ermessen zu handeln. Er hat sich der alleinigen Herrschaft des Herrn Jesus Christus untergeordnet. Für ihn hat nur noch das Wirken des in ihm wohnenden Christus eine Bedeutung. Er hat sich Jesus Christus vollkommen ausgeliefert. Das ist nach Gottes Wort echte, geistliche »Ruhe«.

Wie hast du seit deiner Bekehrung gelebt? Nach eigenem Ermessen? Hast du dich Christus ganz ausgeliefert? Beanspruchst du dann immer noch das Recht, deinen Lebenspartner selbst zu wählen? Das Recht hast du nicht mehr! Beanspruchst du noch das Recht, dir deine Freizeit selbst einzuteilen? Das Recht hast du nicht mehr! Beanspruchst du noch das Recht, dein Geld nach deinem Ermessen auszugeben? Das Recht hast du auch nicht mehr! Hältst du es noch für dein gutes Recht, über deine Ferien – wie und wo du sie verlebst – selbst zu verfügen? Auch das Recht hast du verloren!

Nur in der Wüste hast du eigene Rechte! Vielleicht ist das gerade jetzt deine Situation – du lebst immer noch nach deinem eigenen Willen. Als du die Vergebung deiner Sünden durch das vergossene Blut von Jesus Christus bekamst, hast du die volle Bedeutung dieser Tatsache mit allen Konsequenzen nicht erfasst. Nach dem Plan und dem Willen Gottes sollte ein Umbruch stattfinden, der dich auf einen ganz neuen Weg und in ein neues Leben bringt. Auf diesem Weg geht es nicht mehr nach den Wünschen des Fleisches, wie aufrichtig sie auch sind, sondern unter der Leitung des Geistes: »Denn alle, die vom Geist Gottes bestimmt werden, sind Kinder Gottes« (Römer 8,14). Wenn du dem Heiligen Geist das Recht einräumst, in deinem Herzen die Herrschaft von Jesus Christus wieder aufzurichten, dann verlierst du das Recht, nach deinem eigenen Willen zu leben und zu tun, was in deinen Augen recht ist – ganz zu schweigen von dem, was falsch ist.

Die Gedanken

Womit beschäftigten sich ihre Gedanken in der Wüste, die aufgrund des »Denkzeichens auf ihrer Stirn« ganz neu ausgerichtet sein sollten? »Doch die Fremden, die mit ihnen zogen, sehnten sich nach Annehmlichkeiten, und so klagten auch die Israeliten von Neuem. ›Wer gibt uns Fleisch zu essen?‹, jammerten sie. ›Denkt nur an die vielen Fische, die wir in Ägypten ganz umsonst bekamen. Wir bekamen so viele Gurken und Melonen, Lauch, Zwiebeln und Knoblauch, wie wir nur wollten. Aber jetzt haben wir alle Lust am Essen verloren, wo wir nichts außer diesem Manna zu sehen bekommen!‹ Das Manna sah aus wie Koriandersamen und … schmeckte wie Ölkuchen« (4. Mose 11,4-8).

In der Bibel ist Öl ein Symbol für den Heiligen Geist. Wie wir später noch sehen werden, war das tägliche Manna ein übernatürliches Zeichen der ständigen Gegenwart des lebendigen Gottes inmitten seines erlösten Volkes. Aber es wurde ihnen langweilig.

Nichts als Manna! Manna zum Frühstück, Manna zum Mittagessen, Manna zum Abendbrot und wieder Manna zum Frühstück – man kann es nach einiger Zeit ein bisschen überhaben. »Manna«, sagten sie, »immer nur und immer wieder Manna, sieben Tage in der Woche und zweiundfünfzig Wochen im Jahr, wir haben es übersatt, wir können es nicht mehr sehen!« Aber Gott wollte nicht, dass sie vierzig Jahre lang Manna essen sollten. Er hatte Kanaan für sie bereit, aber sie blieben in der Wüste und träumten von Ägypten.

Vielleicht sagst du: »Mein Christenleben ist eintönig und langweilig. Ich lese meine Bibel nur aus Pflichtgefühl!« Wenn dein Christenleben langweilig wird, dann nur, weil du nicht in Besitz nehmen willst, was Gott dir in Christus gegeben hat. Du hast noch nie die Freude und das Abenteuer erfahren, völlig dem Einen überlassen zu sein, der dich in Vollmacht und Sieg zum Ziel führt. Um alles in der Welt würde ich nicht mit dir tauschen, wenn ich dann bei Manna zum Frühstück, Mittag und Abend ausharren müsste. Es war gut für den Zweck, zu dem es gegeben wurde, es sollte aber nie die Kost für vierzig traurige Jahre sein. Hier war ein erlöstes Volk, aus Ägypten befreit und auf dem Weg ins Land der Verheißung. Aber ihre Gedanken, Wünsche und Ziele wurden von Erinnerungen an Dinge genährt, von denen Gott sie errettet hatte. »Denkt nur an die vielen Fische, die wir in Ägypten ganz umsonst bekamen. Wir bekamen so viele Gurken und Melonen, Lauch, Zwiebeln und Knoblauch, wie wir nur wollten.« Sie waren Sklaven der Erinnerung an das, wovon sie erlöst worden waren. All ihre Gedanken wurden von einem Feind beherrscht, den Gott bis auf den letzten Mann im

Schilfmeer begraben hatte. Aus dem gleichen Todesmeer hatte Gott sie auf wunderbare Weise errettet und auf einen neuen Weg gestellt, der sie in ein neues Land bringen sollte; ein Land, das ihnen zum Besitz gegeben war.

Fische, Gurken, Melonen, Lauch, Zwiebeln und Knoblauch erfüllten ihre Gedanken in der Wüste! »Denkt nur, denkt nur…«, sagten sie – in ihrer Fantasie lebten sie noch in Ägypten! Womit beschäftigt sich deine Fantasie hauptsächlich? Woran hängen deine Gedanken? Wie sehen deine Wunschträume aus? Was bereitet dir Vergnügen? Wohin gehst du? In welcher Gesellschaft bewegst du dich? Bist du befreit von den Dingen Ägyptens? Fisch! Und das in einem heißen Klima – nicht besonders appetitanregend! Gurken – äußerst schwer verdaulich! Und Melonen – 95 Prozent Wasser und 5 Prozent Kerne! Dazu Zwiebeln und Knoblauch – die für sich selbst sprechen! Mit solchen Dingen waren ihre Gedanken verstopft.

Was beherrscht deine Fantasie, seitdem du erlöst bist? Sünde wird in der Vorstellung empfangen. Es beginnt mit einer Anregung – einer satanischen Anregung. Aus der Anregung erwächst ein Wunsch, ein Verlangen. Wenn dein Verlangen in deiner Vorstellung Raum findet und dort ausreifen kann, wird es zu einer Absicht. Wenn Verlangen zur Absicht wird, hast du schon gesündigt, ob es dir gelingt, die Absicht zu verwirklichen, oder nicht! Darum sagt Jesus: »Wer eine Frau auch nur mit einem Blick voller Begierde ansieht, hat im Herzen schon mit ihr die Ehe gebrochen« (Matthäus 5,28).

Wo Anregung zum Verlangen wird, wird Verlangen zur Absicht und die Absicht zur Tat. Die Tat wird zur Erinnerung und die Erinnerung hängt wie ein Bild in der Bildergalerie deines Herzens. Wenn du später in Gedanken durch diese Ausstellung gehst, entdeckst du an der Wand die Erinnerung; und sie wird dann von

Neuem zur Anregung, zum Verlangen, zur Absicht und vielleicht zur Tat. Wird sie zur Tat, werden zwei Erinnerungen bleiben, und der ganze Prozess kann mit doppelter Stärke von Neuem beginnen.

Erkennst du das hier herrschende Prinzip? Aus diesem Grunde wird das Sündigen mit jeder Sünde leichter. Denn jedes Mal, wenn du eine Sünde begehst, »baust du der Sünde einen Altar« (Hosea 8,11). Jede sündige Erinnerung erregt sündige Begierde, ermutigt sündige Absichten und eine andere sündige Tat, die erneut zur Erinnerung wird, bis deine Gedanken verunreinigt und vergiftet sind.

Sie hatten in der Wüste nur die Erinnerung an Dinge, von denen sie befreit waren. Sie sind nie weitergegangen bis in das Land der Verheißung hinein. So konnten sie niemals an Dinge denken, für die sie befreit waren.

Was für Erinnerungen hatten sie in der Wüste an Kanaan? Keine! Sie hatten nur Vorträge über Kanaan gehört! Sie kannten es nur aus Gerüchten, aus zweiter Hand! Sie hatten keinerlei persönliche, lebendige Erlebnisse; es waren leere Worte, kein Leben!

Wenn du nicht in der Kraft Gottes im Geist lebst und dein Leben nicht ganz unter die Herrschaft von Jesus Christus stellst, werden alle Verheißungen der Bibel, die von Vollmacht und göttlicher Berufung sprechen, nur tote Buchstaben sein, unpersönlich und unzutreffend für dich! Dein Herz kennt nur die Erinnerung an echtes Erleben, das die bittere Erfahrung deines Versagens ist. Darum gab es in der Wüste nichts zu feiern!

Die Worte

Worüber sprachen sie in der Wüste? Welche Gesprächsthemen hatte dieses Volk, das sich nicht der Autorität Gottes unterstellte?

Gott hatte ihnen ein unveränderliches Zeugnis seiner Gegenwart durch das tägliche Manna gegeben, doch sie handelten, als ob es auf Gott nie ankäme. Gott hatte ihnen so reiche Verheißungen über das Land gegeben, das sie einnehmen sollten, aber sie lebten nur von den erbärmlichen Erinnerungen an ihre Vergangenheit. Was gab es da zu reden?

»Sie schlossen sich gegen Mose und Aaron zusammen und sagten zu ihnen: ›Ihr seid zu weit gegangen! Jeder Israelit ist heilig und der Herr ist mitten unter uns. Warum stellt ihr euch über das Volk des Herrn?‹« (4. Mose 16,3). – Das waren ihre Reden in der Wüste! Sie hatten sich an das Wüstenleben gewöhnt und widersetzten sich jeder Vorstellung, ihr elendes Los könnte sich im Land verbessern. In ihren eigenen Augen waren sie alle heilig. Wie heilig waren sie? Heilig genug!

Wie heilig bist du? Auch heilig genug? Bist du damit zufrieden, dich bekehrt zu nennen und die Erinnerungen an Ägypten in deinem Herzen zu hegen und zu pflegen? Du kennst das Zeugnis Gottes durch den Heiligen Geist von dem Wunder, das in deinem Leben geschehen ist, und erinnerst dich an den Tag, an dem du die Errettung erfahren hast. Und trotzdem bist du vollkommen zufrieden mit deinem ichbezogenen Leben, das die Herrschaft von Jesus Christus ablehnt und sich seiner Autorität widersetzt? Bist du heilig genug?

Sie widersetzten sich der Vorstellung Moses und Aarons, dass sie den Willen Gottes für ihr Leben verfehlten – weil sie sich für heilig genug hielten. Nach welchem Maßstab? Nach Gottes oder nach ihrem eigenen Maßstab? Bist du auch so heilig? Man kann immer heilig genug sein nach dem *eigenen Maßstab!* An dem Tag, als Mose mit den Gesetzestafeln, die beschrieben waren mit den Gesetzen der Gerechtigkeit durch den Finger Gottes, vom Berge herabkam, fand er das Volk, halb betrunken und halb nackt, im

Tanz um das Goldene Kalb – ein erlöstes Volk! Sie waren auch *da* heilig genug – nach ihrem *eigenen Maßstab!*

Es kann sein, dass du bei Beginn des Buches fest davon überzeugt warst, du seist auch heilig genug und darum ständig bereit, dem zu widerstreben, was ich dir sagen will, nämlich mehr und anders zu sein, als du bist. Dann lass dir nicht den Sinn dieses Buches entgehen und die Ursache, warum dich diese Botschaft trifft. Die Errettung hat ihren Gedenktag nur in dem Land, das du einnehmen sollst. Nur dort hast du das Recht, zu feiern, dass das Blut von Jesus Christus vergossen wurde, um dir Frieden mit Gott zu bringen.

Herr Jesus Christus!
Ich danke dir für dein Wort, das lebendig, kräftig und schärfer als ein zweischneidiges Schwert ist. Es dringt durch, bis es Seele und Geist scheidet und das Denken und Trachten meines Herzens offenbart. Es öffnet im Lichte deiner Gerechtigkeit die Bildergalerie meines Herzens. Deine Augen haben mich in meiner ganzen Blöße vor dir durchschaut. Mein Umherirren in der Wüste ist dir nicht unbemerkt geblieben. Federgeheime Gedanken an die Fleischtöpfe Ägyptens, jedes murrende Wort ist gehört worden. Ich habe mein Geburtsrecht und die vielen Zeugnisse meines Erbes missachtet. Ich schaue zurück auf die Geschichte meines Lebens, die eine Geschichte des Versagens und der oberflächlichen Hingabe ist. Ich habe mich in eigener Wichtigkeit aufgebläht und bin über jede Forderung Gottes an mein Leben verbittert gewesen.

Ich bin dieses Scheinleben leid. Ich möchte dieses nachgeahmte Christenleben nicht weiterführen. Ich möchte hineinkommen in das Land der Verheißung, so wie ich damals herausgekommen bin aus meinem »Ägypten«. Ich möchte etwas zu feiern haben im Land! Ich weiß, dass du der lebendige Gott bist in der Mitte deines erlösten Volkes. Vollbringe dein Werk in mir!
Amen.

5

Jeder alte Busch ist zu gebrauchen

Durch Gottes wunderbare Führung wurde Mose als kleines Baby aus dem Schilf am Ufer des Stromes gerettet. Mose hatte zu der Zeit nichts mitzubestimmen. Auf dieser Höhe seiner Laufbahn konnte er höchstens wimmern. Gott hatte dieses Ereignis vorausgesagt. Vor mehr als vierhundert Jahren hatte er Abraham versprochen, dass er seinem Volk einen Befreier erwecken und es von der Gewaltherrschaft des Pharao befreien würde. Jetzt hatte Gottes Stunde geschlagen!

Vor dem Tod bewahrt, kam Mose durch Gottes Vorsehung in das Haus des Pharao. Pharaos Tochter adoptierte ihn und zog ihn als eigenen Sohn auf. Mit allen Vorrechten der königlichen Familie ausgestattet, erhielt er eine hervorragende Ausbildung. Er wurde zum Staatsmann, Soldaten und Beamten ausgebildet. Mit vierzig Jahren war er ein geschliffener und versierter Mann, der seinen Platz in jeder Gesellschaft einnehmen konnte. Mit den Worten von Apostelgeschichte 7, Verse 20 und 22: »… ein schönes Kind in Gottes Augen … Mose wurde in allem Wissen der Ägypter unterrichtet und wuchs zu einem wortgewandten, tatkräftigen Mann heran.«

Das Porträt eines Mannes im Vollbesitz seiner Kräfte, hochgebildet und voller Entschlusskraft, dem aber in seiner Demut die eigene Größe unbewusst ist, am Beginn einer glänzenden Karriere. Tatsächlich aber trennten ihn nur wenige Stunden von einem tragischen Fehler, der alle seine kühnsten Hoffnungen zerstörte und ihn für Gott und Menschen vierzig Jahre lang nutzlos machte.

> Als er vierzig Jahre alt war, beschloss er eines Tages, seine Brüder und Schwestern aus dem Volk Israel aufzusuchen. Unterwegs sah er, wie ein Ägypter einen Israeliten misshandelte. Mose kam ihm zu Hilfe, rächte ihn und erschlug den Ägypter. Er nahm an, seine Landsleute würden nun erkennen, dass Gott ihn beauftragt hatte, sie zu retten, aber das taten sie nicht.
> *Apostelgeschichte 7,23-25*

Wegen seiner Stellung und Ausbildung sah es Mose als selbstverständlich an, dass seine Berufung, die er von Gott zu haben glaubte, anerkannt würde: »Er nahm an, seine Landsleute würden nun erkennen … aber das taten sie nicht.« Trotz seines starken Sendungsbewusstseins wurde er von der eigenen Unfähigkeit irregeführt.

Es kann sein, dass dies das Dilemma deines Lebens ist. Du bist mitgerissen worden von einem heiligen Ehrgeiz, dein Herz brannte, du hast Träume geträumt und Gesichte gesehen. Aber alles nur, um wieder und wieder in grauer, leerer Verzagtheit zu erwachen. Du bist wie einer, der ins Leere trifft, wie einer, der Luftschlösser baut. Wir müssen die Geschichte genau zurückverfolgen, um zu sehen, wo Mose den Weg verfehlte. 2. Mose 2,11: »Als Mose erwachsen geworden war, ging er zu seinen Landsleuten und sah, wie hart sie arbeiten mussten. Dabei beobachtete er auch, wie ein Ägypter einen Hebräer schlug.« Wir können uns die natürliche Reaktion eines Mannes vorstellen, der von Liebe zu seinem eigenen Fleisch und Blut getrieben wird. In dem Moment war nichts Böses oder Sündiges in seinem Herzen, nur eine natürliche innere Empörung gegen die Unterdrücker hatte ihn gepackt, als einer seiner Landsleute erbarmungslos ausgepeitscht wurde. Aber gerade an diesem Punkt ließ er sich durch aufrichtige Motive und ein echtes Mitleid seine wahre Berufung rauben.

In Vers 12 heißt es dann: »Mose schaute sich nach allen Seiten um. Und als er sich vergewissert hatte, dass niemand in der Nähe war, erschlug Mose den Ägypter und verscharrte ihn im Sand.« Das Übermaß an Not brachte ihn aus dem Gleichgewicht. In falschem Eifer gehorchte er der Not und nicht Gott.

»Er schaute sich nach allen Seiten um …«, nur nach oben schaute er nicht. »Und als er sich vergewissert hatte, dass niemand in der Nähe war, erschlug er den Ägypter.« In seiner Empfindsamkeit den Menschen gegenüber wurde er äußerst unempfindlich für die Gegenwart Gottes. Wie schnell ist das auch in unserem Leben geschehen. Wie leicht sind unsere Handlungen auf die Zustimmung oder Ablehnung der Menschen ausgerichtet. Bist du dir der Menschen oder Gottes bewusst?

Wenn Mose der Zustimmung Gottes ganz sicher gewesen wäre, dann wäre ihm die Reaktion seiner Umwelt gleichgültig gewesen; ihre Meinung hätte ihn nicht beeindruckt. Geistliche Pioniere, die sich im Willen und auf dem Wege Gottes wissen, können es sich leisten, der öffentlichen Meinung allein gegenüberzustehen, egal ob es Nehemia ist beim Bau der Mauer um Jerusalem oder Petrus, der das Evangelium zu einem Heiden bringt, oder Wilberforce und Livingstone in ihrem Kampf gegen den Sklavenhandel.

Paulus bezeichnete sich im Absendervermerk seiner Briefe gern als »nicht durch Menschen zum Apostel berufen, sondern von Jesus Christus selbst und von Gott, dem Vater, der Jesus von den Toten auferweckt hat« (Galater 1,1). »Durch den Willen Gottes!« Das war Auftrag, mehr brauchte er nicht zu wissen. Darum konnte er sagen: »... obwohl der Heilige Geist mir in jeder Stadt gesagt hat, dass mich Gefangenschaft und Leid erwarten. Doch mein Leben ist mir nicht der Rede wert, es sei denn, ich nutze es, um das zu tun, was der Herr Jesus mir aufgetragen hat – das Werk, anderen die Botschaft von Gottes Gnade zu bringen« (Apostelgeschichte 20,23-24). Er war unverwundbar und sich der göttlichen Berufung voll bewusst.

Mose hatte das Empfinden für Gott verloren. Vielleicht bist du aus dem gleichen Grunde in derselben Lage. Du bist nicht gerufen worden, dich einer Not, einer Aufgabe oder eines Missionsfeldes anzunehmen. Du bist allein gerufen, dich Gott zu verpflichten! Er kommt für die Folgen auf und er wird dich einsetzen, wo es ihm gefällt. Er ist der Herr der Ernte. Er ist das Haupt des Leibes – und er ist in vollkommener und herrlicher Weise fähig, seine Verantwortung zu übernehmen! Gott kann den Menschen entbehren, aber der Mensch kann Gott nicht entbehren.

Mir ist manches Mal nicht sehr wohl bei dem Gedanken an einige Missionskonferenzen und die Art und Weise, wie man Menschen in die Mission ruft. Ein Redner nach dem anderen ruft auf, sich dieser oder jener Aufgabe, diesem oder jenem Felde zu verschreiben.

»Die Not«, wird allzu oft gesagt, »ist der Ruf!« Es gibt Tausende von Nöten; aber du bist diesen nicht verpflichtet, sondern du bist Christus verpflichtet. Es ist seine Aufgabe, dich dort einzusetzen, wo er dich haben will. Kein Mensch auf Erden hat das Recht, einen anderen Menschen, der ein Teil vom Leib Christi ist, für irgendeine Aufgabe oder irgendeine Missionsarbeit zu verpflichten. Das würde bedeuten, dem Haupt des Leibes, Jesus Christus, die Autorität zu rauben. In dem Augenblick, da ich das Recht beanspruche, irgendeinen Mann oder eine Frau, einen Jungen oder ein Mädchen für irgendein Arbeitsfeld in Beschlag zu nehmen, lästere ich die unumschränkte Herrschaft von Jesus Christus als Herrn der Ernte. »Gott hat unseren Körper mit vielen Gliedern und Organen geschaffen und jedem Körperteil seinen Platz gegeben, wie er es wollte« (1. Korinther 12,18).

Gott ist absolut in der Lage, sich um seine eigenen Angelegenheiten zu kümmern. Der Grund, warum die Kirche Jesu Christi so wenig zustande bringt, liegt darin, dass wir Gott allzu oft aus seiner Stellung herausorganisiert haben. Millionen Arbeitsstunden und ungezählte Millionen Euro werden investiert, um menschliche Tätigkeit in seinem Werk zu fördern, die aber von Gott gar nicht geplant ist.

Es geht hier nicht darum, die Aufrichtigkeit oder die gute Absicht der Menschen infrage zu stellen, die auf diese Weise beschäftigt werden. Nur verwechseln wir sehr oft geräuschvolle Geschäftigkeit mit wirklichem Dienst, einen groß angelegten Apparat mit wahrem Leben, Eifer mit echter Aufgabe. Würde es dich nicht verwirren, wenn deine Hände fortwährend versuchten, ihren Eifer zu beweisen? Erwartest du jeden Morgen von deinen Fingern die Vorlage ihres Tagesprogramms und dann den Beweis ihrer Begeisterung in einer Vorstellung unbeherrschter Aktivität? Glaubst du vielleicht, damit Erfolg beim Klavierspiel zu haben? Ich würde mich auf keinen Fall von einem Friseur rasieren lassen, der Hände dieser Art hat. Das Haupt verlangt nur eins von den Gliedern, und das ist ein ruhiges Ihm-zur-Verfügung-Stehen und eine sofortige gehorsame Reaktion auf jeden Antrieb, der vom Haupt ausgeht. Daraus entsteht dann die normale Tätigkeit des Ganzen und die Erfüllung der Aufgabe, zu der jeder – als ein Glied des Ganzen – im Besonderen berufen ist.

Die Parole, die wir so oft im Namen des Herrn hören, heißt: »Tu mehr! Gib mehr! Sei mehr! Handeln, handeln, handeln!« Aber Gott sagt: »Seid still und wisst, dass ich Gott bin!« Mit anderen Worten: Schluss jetzt mit der Aufregung! Lasst doch Gott einfach Gott sein!

Mose hatte diese Lektion noch nicht begriffen, als er einen Ägypter sah, der einen seiner Brüder schlug. Er krempelte seine Ärmel hoch und dachte: »Wenn es überhaupt auf mich ankommt, dann jetzt!« Ungeschickt und ohne Überlegung wie ein Elefant im Porzellanladen ging er an die Sache heran, erschlug den Ägypter und verscharrte ihn – ohne Erfolg, denn die Sache wurde bekannt. Trotz seiner besten Absichten war er zum Mörder und nicht zum Missionar geworden.

> Am nächsten Tag ging Mose wieder hinaus und sah, wie zwei Hebräer miteinander stritten. »Warum schlägst du einen Mann aus deinem eigenen Volk?«, fragte er denjenigen, der im Unrecht war. »Wer hat dich denn zu unserem Aufseher und Richter ernannt?«, entgegnete der Mann. »Willst du mich etwa auch umbringen wie den Ägypter?« Mose erschrak und dachte: »Nun ist die Sache doch herausgekommen!«
> *2. Mose 2,13-14*

Es war rausgekommen! Als Mose die Sache anpackte, konnte er nicht einen einzigen Ägypter ordentlich begraben. Vielleicht haben die Zehen noch aus dem Sand herausgeguckt. Aber als Gott die Sache übernahm, begrub er sie alle zugleich im Meer! So handelt Gott, wenn es um seine eigenen Angelegenheiten geht.

Mose floh, denn: »Als der Pharao davon erfuhr, wollte er Mose töten lassen« (2. Mose 2,15). Und er lebte vierzig Jahre im Lande Midian.

Der Mann, den Gott in besonderer Weise für eine bestimmte Aufgabe auserwählt hatte, fühlte sich einer Not verbunden und nicht Gott, und in seinem ehrlichen Eifer und seinem tiefen Ernst machte er seine eigene Brauchbarkeit zunichte. Er wollte Gottes Werk auf menschliche Weise tun und er musste lernen: Nicht die Ausbildung, sondern die Ausrichtung, nicht die Fähigkeit, sondern die Verfügbarkeit sind Eigenschaften, die tauglich machen für Gott.

Man kann sich sehr gut vorstellen, wie die Verzweiflung und das Gefühl der Nutzlosigkeit Mose wieder und wieder in den vierzig Jahren befielen, die er unerkannt und unbekannt in der Wüste verbrachte. Vielleicht hat sich dein christlicher Dienst auch wenig gelohnt. Du bist bekehrt, kannst dich vielleicht sogar an den Tag erinnern, als du den Herrn Jesus Christus als deinen Erlöser angenommen hast. Aber du hast immer gedacht, das christliche Leben bestehe darin, sich gewissen Regeln und Formen anzupassen. Regeln und Formen, die man dir aufgedrängt hat. Du dachtest, deine Geistlichkeit würde mit der besseren Anpassung an diese Regeln und Formen wachsen; aber das ist nicht Geistlichkeit, das ist billige Kopie. Christlichem Dienst, der nur in der Nachahmung und Anpassung an gewisse Forderungen und Vorbilder eines organisierten Apparates besteht, fehlt immer die geistliche Triebkraft und er ist stets erkennbar am Mangel göttlicher Vollmacht. Du wirst dabei dein Leben wie Mose in der Wüste Midian vergeuden.

Armer Mose – Soldat, Gelehrter und Staatsmann! Geboren, um ein Führer zu sein, und jetzt hütest du Schafe, bist Mann deiner Frau und arbeitest auf dem Hof deines Schwiegervaters! Die Hoffnung muss schon bis zum letzten Fünkchen verglommen gewesen sein, doch »da erschien ihm der Engel des Herrn in einer Feuerflamme, die aus einem Dornbusch schlug. Mose sah, dass der Busch zwar in Flammen stand, aber nicht verbrannte« (2. Mose 3,2). Als Mose den Busch sah, war er hocherstaunt. Das war ein Phänomen, das seine Aufmerksamkeit sofort fesselte. Hier war ein Busch, der brannte und brannte und überhaupt nicht aufhörte zu brennen.

Soweit er es beobachtete, konnte er endlos weiterbrennen, und Mose konnte nicht umhin, sich mit diesem Busch zu vergleichen. In seinem Herzen hat er vielleicht zu sich selbst gesagt: »Ich habe noch nie solch einen Strauch gesehen. So wie der hier bin ich nicht gewesen. Vor vierzig Jahren war ich innerhalb von vierundzwanzig Stunden ausgebrannt und seitdem bin ich nur noch ein Häufchen Asche. Es muss etwas Besonderes an diesem Strauch sein. Es muss ein ganz wunderbarer Strauch sein.« Und Mose dachte: »Warum verbrennt dieser Busch nicht? Das muss ich mir näher ansehen« (2. Mose 3,3). Sein Herz hatte eine heilige Neugier ergriffen und er tat etwas sehr Kluges: Er stellte eine vernünftige Frage und machte darum eine wunderbare Entdeckung!

In unserem Herzen erwacht auch oft eine heilige Neugier, aber wir lassen keine vernünftige Frage folgen. Darum entgeht uns oft die gleiche wunderbare Entdeckung.

Man schult uns in diesen Tagen in Heldenverehrung. Auf jedem Lebensgebiet gibt es »Fans« und das trifft auch auf den Bereich der christlichen Welt zu. Es gibt Menschen, deren Leben die Zeichen der Bevollmächtigten Gottes tragen. Sie sind durch und durch echt. Die Hand Gottes ruht auf ihnen. Sie sprechen mit einer Vollmacht, die Gott ehrt. Das Leben vieler Menschen wird durch ihren Dienst verändert. Geistlich tote Menschen kommen wieder zum Leben. Verzweifelte, hilflose, unbrauchbare Christen werden wieder zu fruchtbaren Trägern göttlichen Lebens.

Wo sie sind, scheint ein Hauch der Herrlichkeit über ihrem Werk zu liegen, und wir bewundern sie und applaudieren. Aber wir bleiben Zuschauer, als wäre dieses Leben das Vorrecht einiger weniger mit einem besonderen Anrecht auf Gottes Gnade, die nicht für jedermann gegeben sei. Wir sagen in unseren Herzen: »Da ist ein Busch, der brennt; ich wollte, ich wäre ein Busch wie der, aber ich bin nur ein Häufchen Asche.« Und das ist dann alles! Vielleicht diskutierst du mit anderen über den brennenden Busch. Du gibst zu, dass es eine erstaunliche Sache ist. Du lädst andere ein mitzukommen und das Phänomen zu betrachten, aber du selbst hast resigniert. Du bist und bleibst ein Häufchen Asche. Dir ist nie der Gedanke gekommen, du könntest irgendetwas anderes sein; und so machst du das Beste aus einem ohnehin schlechten Geschäft in deiner kleinen Privatwüste. Du gibst dich zufrieden mit der geistlichen Zuschauertribüne, mit dem Durchschnittsleben – eine geistliche Null zu sein!

Diese Haltung wollte Paulus mehr als alles andere in denen bekämpfen, die er zu Jesus Christus geführt hatte. Das kommt vor allem in seinen Worten an die Philipper zum Ausdruck: »Denn Gott bewirkt in euch den Wunsch, ihm zu gehorchen, und er gibt euch auch die Kraft zu tun, was ihm Freude macht« (Philipper 2,13).

Mit anderen Worten sagte Paulus zu den Philippern, die versucht waren, sich auf ihn als geistliche Krücke zu stützen, und so taten, als ob Gott an Paulus mehr Interesse habe als an ihnen: »Alles, was Gott mir gegeben hat, hat er euch gegeben. Der gleiche Herr, der in meinem Herzen wohnt, lebt auch in euren Herzen. Was ich habe, habt auch ihr! Was ich durch Gottes Gnade kann, könnt ihr auch. Schafft selbst! Euer ist das Heil, so gut wie meiner. Es ist Gott, nicht der Apostel Paulus, der in euch beides wirkt, den Wunsch und die Kraft zu tun, was ihm Freude macht! Alle unausschöpflichen Reichtümer, die Gott mir in seinem Sohn geschenkt hat, gehören auch euch *in ihm*!«

Das ist die Botschaft der Bibel. Gott hat das Schwache und das Verachtete und das, was nicht gilt, erwählt, damit er das zunichtemache, was etwas ist (1. Korinther 1,27-28). Gott verlangt von einem Menschen nur ein Sich-Ihm-zur-Verfügung-Stellen, um von ihm bewohnt zu werden und damit wieder das zu werden, wozu der Mensch erschaffen wurde: zum Träger des göttlichen Lebens auf Erden. Gott möchte in dir Gestalt annehmen – was du bist, tut nichts zur Sache. Nationalität, Geld, Erziehung, Persönlichkeit und was du sonst noch ins Feld führst, sind belanglos, solange du nur das Prinzip erkennst, dass es Gott ist, der in dir beides wirkt, das Wollen und das Vollbringen zu seinem Wohlgefallen.

Die alleinige Quelle geistlichen Wirkens ist Gott selbst – »Christus in euch, die Hoffnung der Herrlichkeit« (Kolosser 1,27; LUT). Wir Christen lernen so langsam. Wir bewundern das Vorbild der Großen und versuchen es nachzuahmen, aber wir machen uns nur selten die Mühe, hinüberzugehen und zu sehen, wo das Geheimnis verborgen ist. Man liest die Biografien von Hudson Taylor, Georg Müller, Dwight L. Moody oder Martin Luther – Männer, deren Leben geistlich Geschichte gemacht hat. Man möchte so sein wie sie und Taten vollbringen wie sie; aber man hat sich nie die Mühe gemacht herauszufinden, warum sie so waren und wie sie ihre Taten vollbrachten. Stattdessen versucht man aus eigener Kraft, ihr Beispiel nachzuahmen, und dabei muss man dauernd gegen die Verzweiflung ankämpfen, weil man hoffnungslos versagt.

Als man den Versuch machte, dich die Wahrheit zu lehren, die jene Männer werden ließ, was sie waren, und vollbringen ließ, was sie taten, wurdest du ungeduldig und hast vielleicht geantwortet: »Lass mich in Ruhe! Ich bin zu sehr damit beschäftigt, so zu werden wie jene Männer, und habe keine Zeit, dir zuzuhören!« Wie töricht man sich verhalten kann! Warum konnte Hudson Taylor tun, was er tat? Warum all die anderen? Waren sie Bevorzugte Gottes? Natürlich nicht! Sie waren ganz einfach Männer, die in der Schule des Versagens und der Verzweiflung gelernt hatten. Sie waren am Ende ihrer selbst angelangt und hatten entdeckt, dass sie ohne Gott nichts waren.

Als Mose begann, versagte er! Aus dieser Schule ging er hervor! Als Abraham begann, versagte er! Er war in derselben Schule wie

Mose. Jakob, David und Elia waren alle hoffnungslose Versager. Jesaja ebenfalls, er war ein Mann von unreinen Lippen (Jesaja 6,5). Mose musste das herausfinden, und auch du musst es für dich entdecken! Er musste begreifen, dass eine gute körperliche Kondition, hohe Ziele, königliche Erziehung und ägyptische Gelehrsamkeit niemals Ersatz sein können für das, wozu der Mensch geschaffen wurde: für Gott selbst!

»Als der Herr sah, dass Mose herankam, um es genauer zu betrachten, rief er ihn aus dem Busch heraus: ›Mose! Mose!‹« (2. Mose 3,4). Gott nannte ihn beim Namen! Wann rief Gott ihn? Als er voll Bewunderung von Weitem zusah? Nein! Gott sagte da kein Wort! Aber als er »herankam, um es genauer zu betrachten«, da sprach Gott!

Vielleicht hast du dich gefragt, warum du nie eine klare Berufung gespürt hast; warum du keine tiefe, aus dem Geist geborene Erkenntnis der Aufgabe hast, zu der du erlöst worden bist; warum du ziellos dahintreibst. Vielleicht hast du dir nie Zeit genommen, den Grund herauszufinden, warum der Dornbusch nicht verbrennt. Als Mose hinüberging, um zu schauen, rief Gott ihn beim Namen! Nach menschlichem Ermessen bist du vielleicht wie geschaffen für eine christliche Arbeit, und doch verschwindest du in der Versenkung geistlicher Nutzlosigkeit! Es spielt gar keine Rolle, welche Auszeichnungen du in dieser Welt erwirbst, wie viel Anerkennung du bei deinen Mitmenschen findest, wie begabt du bist; bei alledem ist es tragischerweise möglich, in die Annalen geistlicher Geschichte einzugehen als einer, der nicht zählte, weder für Gott noch für die Menschen. – Weißt du, warum? Weil du dir nie Zeit genommen hast, herauszufinden, auf welche Weise Gott Menschen gebraucht.

Du bist zu beschäftigt gewesen und nie hinübergegangen, um zu sehen, und Gott schwieg. Gott hat dich nie beim Namen gerufen! Als Gott rief, sprach Mose: »›Hier bin ich!‹ … ›Komm nicht näher!‹, befahl Gott ihm. ›Zieh deine Sandalen aus, denn du stehst auf heiligem Boden. Ich bin der Gott deiner Vorfahren – der Gott Abrahams, der Gott Isaaks und der Gott Jakobs.‹ Als Mose das hörte, verhüllte er sein Gesicht, denn er hatte Angst, Gott anzuschauen« (2. Mose 3,4-6). Gott hatte Mose einiges zu sagen; es könnte etwa so gelautet haben: »Mose, das war klug, einmal genau nachzusehen, als du vermutetest, dass es sich hier um einen bemerkenswerten Dornbusch handeln müsse. Du dachtest, es müsse ein einmaliger, außergewöhnlicher Dornbusch sein, der da brannte und brannte und nicht mehr aufhörte zu brennen und doch nicht verbrannte. Du hast dich geirrt – sehr geirrt. Siehst du den Busch dort drüben? Dieser verkrüppelte, erbärmlich anzusehende Busch – der hätte genügt! Und sieh den hübschen dort, so schlank und gut gewachsen – auch der hätte genügt! Denn sieh, Mose, jeder alte Busch ist zu gebrauchen, jeder alte Busch – wenn nur Gott in ihm ist! Dein Unglück, Mose, ist dieses: Vor vierzig Jahren hast du, gelehrt in aller ägyptischen Weisheit, mächtig in Worten und Taten, dein eigenes Blattwerk bewundert. Du dachtest, du seist etwas! Aber du warst in vierundzwanzig Stunden ausgebrannt und bist vierzig Jahre lang nur ein Aschenhäufchen gewesen. Wenn dieser Busch, den du bewundert hast, auf seine eigenen Reserven angewiesen wäre, ginge es ihm wie dir. Aber, Mose, nicht der Busch hält die Flamme am Brennen, es ist Gott in dem Busch – und so ist jeder alte Busch zu gebrauchen.«

Hast du schon einmal diese Entdeckung gemacht? Bist du schon zu dem Punkt gekommen, wo du eingesehen hast, dass selbst dein Bestes Asche ist? Bist du jemals so weit gewesen, dich in allem, was du bist – nichts –, Gott hinzugeben, damit du gefüllt werden kannst mit dem, der alles ist?

Beginne jeden neuen Tag in der Gewissheit, dass der ewige »Ich bin« alles ist, was du brauchst, um seinen Willen zu tun.

Es gibt eine vergessene Zeitform in der Kirche Jesu Christi unserer Tage. Wir leben entweder in der Vergangenheit oder in der Zukunft. Wir sagen entweder »Ebenezer« – bis hierher hat der Herr geholfen – oder wir trösten uns mit »Maranatha« – siehe, der Herr kommt –, aber wir vergessen, dass er der ewige »Ich bin« ist, die ewige Gegenwart, der jetzt und hier für jeden Mangel völlig ausreichend ist.

Wenn du wiedergeboren bist, brauchst du nicht mehr als das, was du *bereits* hast, und was du hast, ist, was Gott ist – alles! Er gibt dir nicht Kraft – er ist deine Kraft! Er gibt dir nicht Sieg – er ist dein Sieg! Verstehst du, worum es geht? Christus ist in dir – nicht mehr und nicht weniger! Du kannst nicht mehr bekommen und du brauchst nicht weniger zu haben – und jeder Tag kann die herrliche Erfüllung der Ziele Gottes sein. Vergiss nur eines nicht – jeder alte Busch ist zu gebrauchen!

> Weil Gott so barmherzig ist, fordere ich euch nun auf, liebe Brüder, euch mit eurem ganzen Leben für Gott einzusetzen. Es soll ein lebendiges und heiliges Opfer sein – ein Opfer, an dem Gott Freude hat. Das ist ein Gottesdienst, wie er sein soll.
> *Römer 12,1*

6

Kirche in der Wüste

Es wird uns in der Bibel ganz unmissverständlich gezeigt, dass Gottes Wege mit dem irdischen Israel ein Vorbild für ein größeres, geistliches Land sind, denn »nicht jeder, der in eine jüdische Familie hineingeboren wird, ist wirklich ein Jude. Nicht alle Nachkommen Abrahams sind deshalb schon seine wahren Kinder. Denn in der Schrift heißt es: ›Nur die Nachkommen Isaaks sollen als deine Nachkommen bezeichnet werden.‹ Das bedeutet, dass die leiblichen Nachkommen Abrahams nicht zugleich Kinder Gottes sind. Sondern als wahre Kinder Abrahams gelten nur die, die nach der Zusage Gottes von ihm abstammen« (Römer 9,6-8).

Paulus stellt hier lediglich die Tatsache fest, dass es nicht natürliche Verwandtschaft mit Israel ist, die schon zum wahren Israel Gottes macht, sondern der Glaube, der die Verheißung der Erlösung annimmt.

> Denn nicht der ist ein wahrer Jude, der von jüdischen Eltern geboren oder nach jüdischem Brauch beschnitten wurde. Nein, ein wahrer Jude ist der, dessen Herz vor Gott gerecht ist. Und die wahre Beschneidung ist keine äußere Handlung, sondern eine Veränderung des Herzens durch den Geist Gottes und geschieht nicht durch Einhaltung jedes einzelnen Buchstabens des Gesetzes.

> Wer diese Veränderung erfahren hat, bekommt die Anerkennung Gottes und nicht die der Menschen.
> *Römer 2,28-29*

Auf diese geistliche Bedeutung der Beschneidung bezieht sich Paulus noch einmal in Kolosser 2,11-12, wo er schreibt: »Durch eure Zugehörigkeit zu Christus wurdet ihr beschnitten, aber nicht durch einen äußerlichen Eingriff. Eure Beschneidung kam durch Christus, und damit wurdet ihr von eurem alten Wesen abgetrennt. Denn als ihr getauft wurdet, wurdet ihr mit Christus begraben. Und ihr wurdet mit ihm zu neuem Leben auferweckt, weil ihr auf die mächtige Kraft Gottes vertraut habt, der Christus von den Toten auferweckt hat.« Diese Beschneidung ohne äußerlichen Eingriff als Erfahrung des geistlichen Israel spricht von der Gleichstellung des Gläubigen mit Jesus in dessen Tod und Auferstehung. Das ist natürlich ganz im Einklang mit dem lebendigen Bild, das Gott uns in der Geschichte des irdischen Israel gibt.

Gott machte einen Bund mit Abraham: »Ja, ich will dir und deinen Nachkommen das ganze Land Kanaan, in dem du jetzt als Fremder lebst, für immer geben. Und ich will ihr Gott sein … Jeder Mann unter euch soll beschnitten werden … Das wird das Zeichen des Bundes zwischen mir und euch sein« (1. Mose 17,8.10.11). Die Beschneidung sollte das Kennzeichen eines erlösten Volkes sein, das Gott bestimmt hatte für die Fülle Kanaans. Doch dann lesen wir in Josua 5,5: »Aber diejenigen, die nach dem Auszug aus Ägypten während der Wüstenwanderung geboren wurden, waren unbeschnitten.« Das war die Kirche in der Wüste, ein Volk, das aus Ägypten heraus-, aber nicht in das verheißene Land hineingekommen war – stecken geblieben in der Wüste! Beschneidung in Ägypten war ein Bekenntnis des Glaubens, aber in der Wüste konnte es nur ein Bekenntnis des Versagens sein.

In der Bildersprache der Bibel sind sie durch alle äußeren Formen hindurchgegangen, tun aber leider so »als seien sie fromm, doch die Kraft Gottes, die sie verändern könnte, werden sie ablehnen« (2. Timotheus 3,5).

»Alle wurden in der Wolke und im Meer auf Mose getauft« (1. Korinther 10,2). Man hätte Mose fast als ersten Pastor der Hauptkirchengemeinde, Bezirk Wüste, bezeichnen können. Wir haben schon in einem früheren Kapitel gesehen, dass, wie sie auf Mose getauft waren, wir auf Christus getauft sind. Sie gingen mit ihm hinein in das Todesmeer, um am anderen Ufer zusammen mit ihm zu einem neuen Leben erhoben zu werden.

Nach Gottes Ratschluss sind auch wir mit Christus in den Tod gegangen, um mit ihm zu einem neuen Leben erweckt zu werden: »Er starb ein für alle Mal, um die Sünde zu besiegen, und nun lebt er für Gott. Deshalb haltet daran fest: Ihr seid für die Sünde tot und lebt nun durch Christus Jesus für Gott!« (Römer 6,10-11).

Das ist die Bedeutung deiner geistlichen Taufe auf Christus. Es ist ganz klar, dass du äußerlich getauft sein kannst, ohne die innere Wirklichkeit der Taufe zu erfahren. Die Taufe kann uns nicht zu Christen machen. Wenn das äußerliche Zeichen keinen geistlichen Inhalt hat, dann besteht die Gefahr, dass es zu einem leeren Aberglauben herabsinkt. Der geistliche Inhalt ist nur da gegeben, wo Glaube im Gehorsam zur Wahrheit geübt wird.

Sie waren jedoch nicht allein auf Mose getauft, sondern »aßen alle die gleiche Nahrung, die Gott ihnen durch ein Wunder schenkte, und tranken aus dem ihnen von Gott geschenkten Felsen, der sie begleitete, und dieser Fels war Christus« (1. Korinther 10,3-4).

Wir haben die geistliche Bedeutung des Manna schon berührt – jene geistliche Speise, von der die Kirche in der Wüste in den vierzig mühseligen Wanderjahren lebte. Ich möchte jetzt aber darauf noch ein wenig näher eingehen. »Die Israeliten sahen es und fragten einander: ›Was ist das?‹ Denn sie wussten nicht, was es war« (2. Mose 16,15). Da war etwas ganz Neues, etwas, das sie nie zuvor gekostet hatten. Es war Gottes Geschenk an ein erlöstes Volk und stellt für dich und für mich die Gabe des Heiligen Geistes an all jene dar, die durch das kostbare Blut von Jesus Christus erlöst worden sind.

Niemand wird jemals diese himmlische Gabe empfangen, kosten oder erkennen, es sei denn, er glaubt an Christus: »Er hat euch«, schreibt Paulus im Epheserbrief, »mit dem Siegel seines Heiligen Geistes, den er vor langer Zeit zugesagt hat, als sein Eigentum bestätigt. Der Heilige Geist ist die Garantie dafür, dass er uns alles geben wird, was er uns versprochen hat« (Epheser 1,13-14). Und Jesus Christus sagt von ihm: »Es ist der Heilige Geist, der in alle Wahrheit führt. Die Welt kann ihn nicht empfangen, denn sie sucht ihn nicht und erkennt ihn nicht. Ihr aber kennt ihn, weil er bei euch bleibt und später in euch sein wird« (Johannes 14,17). Die Gegenwart des Heiligen Geistes ist das Geburtsrecht des Sünders, der Vergebung seiner Sünden empfängt. Das Wunder der Wiedergeburt ist eine völlig neue Erfahrung, durch die das neugeborene Kind Gottes in ein Leben kommt, von dem es vorher nicht die geringste Ahnung hatte.

Der Geschmack des Mannas war »wie Ölkuchen« (4. Mose 11,8). Das spricht, wie wir schon erwähnten, von der Gegenwart des Heiligen Geistes. Doch bedeutet das Manna in der Wüstenkirche nicht das Wirken des Heiligen Geistes in seiner Fülle. Es war nur der Vorgeschmack der besseren Dinge, die auf sie warteten.

Es ist von Bedeutung, dass in 2. Mose 16,31 gesagt wird: »... und schmeckten wie Honigkuchen *(oder Waffel).*« Öl und Honig! Der Heilige Geist erinnert Gottes Volk an einen Gedächtnistag, der nur gefeiert werden kann in dem Land, das sie besitzen sollten. Eine trockene, dünne Waffel ist nicht das Ende der Gabe Gottes, sondern ein Land, in dem Milch und Honig fließt. Es ist wenig Substanz in einer Waffel – gerade so viel, um den Appetit anzuregen und den Mund wässerig zu machen.

Der zweifache Geschmack des Manna spricht von der Doppelaufgabe des Heiligen Geistes an der Kirche in der Wüste. Der Ölgeschmack ist sein Zeugnis von der Gegenwart des lebendigen Gottes. Der Honiggeschmack ist sein fortwährendes Anspornen, voranzugehen, um in das Land hineinzukommen, dort zu leben – erfüllt mit dem Geist.

Ich weiß ganz genau, wie oft das tägliche Manna als Bild deines täglichen Bibellesens gebraucht wird. Wirklich, es ist, was das morgendliche Hinausgehen und Einsammeln anbetrifft, ein sehr gutes Bild. Je mehr sie jedoch davon einsammelten, desto mehr wurden sie dessen überdrüssig und klagten: »Aber jetzt haben wir alle Lust am Essen verloren, wo wir nichts außer diesem Manna zu sehen bekommen!« (4. Mose 11,6). Es war ihnen fad, eintönig und langweilig. Sollte das die Beschreibung deiner täglichen Bibellese sein? Irgendwie ist dieses Bild kein geglücktes Beispiel und ich bin sicher, wir sollten es nicht zur Norm christlicher Erfahrung machen. In deiner täglichen Bibellese soll der Heilige Geist die Möglichkeit haben, dich in alle Wahrheit einzuführen, sodass du in zunehmendem Maße erfüllt werden kannst mit aller Gottesfülle (Epheser 3,19). Du sollst den Reichtum deines Erbes in Christus erfassen, wenn sich dir die Bibel öffnet. Je mehr sie jedoch von dem Manna bekamen – Tag für Tag, Woche für Woche, Monat für Monat, Jahr für Jahr –, desto weniger mochten sie es.

Natürlich kann sogar im Blick auf dein tägliches Bibellesen deine Erfahrung so sein. Wenn du weder auf das Wirken des Heiligen Geistes und sein Treiben durch sein Wort zu einem geheiligten Leben reagierst noch der Geschmack des Honigs dich zum Vorangehen anreizt, dann wird die Waffel dünn, trocken und ziemlich geschmacklos bleiben. Deine Stille Zeit wird dann zu einer mechanischen Pflichterfüllung herabsinken, in der du zwar die Form wahrst, aber wenig Freude und Segen erfährst. Das mag dich am Leben erhalten, aber du wirst kaum dadurch gesättigt werden.

Das Zeugnis des Geistes dem erlösten Sünder gegenüber, der in Ungehorsam lebt, ist eine äußerst unangenehme Angelegenheit. Dem Christen, der wohl herausgekommen ist aus Ägypten, der sich aber sträubt, hineinzugehen in das Land der Verheißung, werden geistliche Dinge in zunehmendem Maße langweilig. Der Pastor auf der Kanzel, der Missionar auf dem Feld, der Leiter der Jugend- oder Bibelgruppe, die der Kirche der Wüste angehören und durch die Umstände gezwungen sind, immer und immer wieder den christlichen Dienst der Form nach aufrechtzuerhalten, werden weniger und weniger Interesse haben an allem, was sie tun. In gleichem Maß werden sie uninteressiert für diejenigen, an denen sie ihren Dienst erfüllen.

Deswegen gibt es so viele langweilige Prediger und langweilige Sonntagsschulhelfer. Sie sind so langweilig, wie die Sache, in der sie stehen, sie selbst langweilt.

Es gab einige in der Kirche in der Wüste, die mit Absicht in Auflehnung und Ungehorsam lebten. Sie wären gerne jedem Bewusstsein der Gegenwart Gottes entflohen; denn es war für sie eine fortwährende Erinnerung an ihre Zugehörigkeit zu einem erlösten Volk. Paradoxerweise ist solchen Menschen das tägliche Zeugnis des Manna zugleich Anstoß und Erleichterung. Einerseits wurde ihr ohnehin schon belastetes Gewissen gestört, und doch wussten sie andererseits sehr genau, dass sie nicht ohne dieses Zeugnis leben konnten. Sie waren für Ägypten nicht mehr geeignet, aber erfreuten sich nicht des Segens Kanaans. Das ist der Widerspruch des fleischlichen Christen.

Vielleicht hast du auch versucht, mit ihnen und mit Jona vor Gott davonzulaufen – und doch gelingt es dir nicht. Du widersetzt dich den Ansprüchen Gottes an dein Leben, doch fürchtest du dich davor, er könnte dich einmal verlassen. Du bist immer noch ein Mensch im Zwiespalt – du gehörst zu der Kirche in der Wüste. Wenn auch das tägliche Manna einigen unbequem war, so war es doch anderen ein Grund tiefsten Trostes. Kaleb und Josua hatten nie aufgehört zu glauben, dass der Gott, der sie aus Ägypten gebracht hatte, auch der Gott war, der sie in das Land der Verheißung hineinbringen konnte. Ich kann nicht umhin, mir vorzustellen, wie sie angesichts der Bosheit und Abgötterei, des Murrens und Unglaubens des Volkes Gottes in der Wüste, zueinander sagten: »Gott wird uns verlassen! Gott muss uns verlassen!« Dann erwarteten sie in einer langen, schlaflosen Nacht voller Furcht den Morgen. Würde Gott sie verlassen haben? Im ersten Morgengrauen des neuen Tages hatte dann auf dem Boden zu ihren Füßen das Manna gelegen, und sie waren unendlich getröstet. Gott hatte sie nicht verlassen – das war sein Zeugnis.

Während Mose auf dem Berg mit Gott sprach und das Gesetz empfing, gab Aaron dem Drängen des Volkes nach. Voller Schande beteten sie das Goldene Kalb an, das er ihnen gemacht hatte. Welche Verzweiflung und welche bange Besorgnis muss die Herzen der wenigen Getreuen erfüllt haben – und doch war am nächsten Morgen mitten unter den zerbrochenen Steintafeln, die mit dem Finger Gottes beschrieben waren, das Manna da.

Das ist die unbegreifliche Geduld Gottes. Das ist die Liebe, die nicht von dir lassen kann! »Doch als das Ausmaß der Sünde unter den Menschen immer größer wurde, ist Gottes wunderbare Gnade noch grenzenloser geworden« (Römer 5,20); und Gott hat gesagt: »Ich werde dich nie verlassen und dich nicht im Stich lassen« (Hebräer 13,5).

Das ist kein Freibrief für den Ungehorsam, auch macht es die Sünde nicht weniger schwerwiegend. Du sollst aber wissen, dass die Barmherzigkeit durch das Gericht hindurchleuchten kann, auch wenn alles verloren scheint. Der Regenbogen, der Gottes Treue bezeugt, erzählt von einem, der »nicht müde werden oder zerbrechen« wird, »bis auf der ganzen Erde das Recht fest gegründet dasteht« (Jesaja 42,4). Wenn alle Hoffnung zerstört ist, wenn jeder heilige Wunsch und jedes hohe Ziel, die Gottes Finger selbst in dein Herz eingegraben hat, erschüttert sind, kann doch ein neuer Morgen anbrechen und die Gnade alle Schwermut erhellen – es ist ja das Manna da. Er hat dich nicht allein und ungetröstet gelassen. »Achtet darauf, den Heiligen Geist nicht durch euer Verhalten zu betrüben. Denkt vielmehr daran, dass ihr sein Siegel tragt und dadurch die Gewissheit habt, dass der Tag der Erlösung kommen wird« (Epheser 4,30).

Gott sagte zu dem Propheten Haggai: »Mein Geist bleibt bei euch, wie ich es mit euch vereinbart habe, als ihr aus Ägypten gekommen seid. Deshalb fürchtet euch nicht!« (Haggai 2,5). Stattdessen hätte Gott sehr gut zu seinem Volk sagen können: »Vierzig Jahre lang habt ihr meinen Geist betrübt und doch habe ich euch nie verlassen! Ich habe euch nie verlassen!« Das tägliche Manna spricht zu uns von dem Heiligen Geist, der uns versiegelt hat auf den Tag der Erlösung. Du kannst ihn betrüben, du kannst ihn dämpfen. Wenn du das tust, wird er es dich merken lassen; denn »welche der Herr lieb hat, die züchtigt er«. Aber er wird dich nie verlassen. Das ist die unbegreifliche Gnade Gottes! Obwohl Gott sein Volk in der Wüste erhielt, ließ er sie doch den Hunger spüren.

> Erinnert euch an den ganzen Weg, den der Herr, euer Gott, euch während dieser vierzig Jahre durch die Wüste führte. Dadurch wollte er euch demütigen und auf die

> Probe stellen, um euren wahren Charakter ans Licht zu bringen und um zu sehen, ob ihr seine Gebote befolgen würdet oder nicht. Ja, er ließ euch eure Abhängigkeit spüren, indem er euch hungern ließ. Dann gab er euch Manna zu essen, das ihr und eure Vorfahren bis dahin nicht kanntet.
> *5. Mose 8,2-3*

Das heißt mit anderen Worten, dass sie in all den vierzig Jahren in der Wüste niemals satt waren. Das Manna war nur gegeben worden, um das Leben zu erhalten, aber niemals, um das Volk zu sättigen. Gott wollte nicht, dass sie in der Wüste satt und zufrieden sein sollten.

Wo hatte Gott beschlossen, sein Volk zu sättigen und zufrieden zu machen? *In dem verheißenen Land!* Gott weigert sich, sein Volk in der Wüste zu sättigen, wenn er ihnen den Tisch voller guter Gaben in Kanaan bereitet hat. Gott wird dich niemals in der Wüste zufriedenstellen. Du bist niemand nütze in der Wüste. Grundsätzlich wirst du dich in der Wüste nie ändern. Deinem Zeugnis wird das innere Feuer fehlen. Die erste Begeisterung christlicher Arbeit, all die neuen Eindrücke auf dem Missionsfeld, in einer neuen Pfarrei, als Lehrer und Leiter einer Bibelstunde oder Sonntagsschule werden bald aufgebraucht sein – sobald du dich an deine neue Umgebung und deine Mitmenschen gewöhnt hast, mit denen du in der Wüste leben musst. Deine Sicht wird undeutlich werden, die Kampfesfreude wird aus deinen Augen weichen. Während du ignorierst, *was du brauchst*, wirst du anfangen nach dem zu schreien, *was du haben willst* – nimm dich aber in Acht, Gott könnte es dir geben.

»In der Wüste entflammten ihre Begierden und sie stellten Gottes Geduld in der Einöde auf die Probe. Schließlich gab er ihnen, worum sie gebeten hatten, doch er schickte ihnen auch eine Seuche« (Psalm 106,14-15). Die Wachteln, die Gott ihnen sandte, verwesten in ihrem Munde. Es gefiel ihnen, in selbst erwählter Armut zu leben – fleischlich gemästet und geistlich verkümmert. Es ist eine traurige Sache, sich arm gemacht zu haben um der Dinge willen, die man will, während Gott darauf wartet, das zu geben, was man braucht.

Hiskia flehte darum, weitere fünfzehn Jahre leben zu dürfen, und er bekam, was er wollte. »Doch Hiskia würdigte die Güte nicht, die ihm der Herr erwiesen hatte, sondern er wurde überheblich. Deshalb wurde der Herr zornig auf ihn« (2. Chronik 32,25). Er lebte, um einen der übelsten Könige zu zeugen, die jemals über Juda regierten – Manasse. Der war zwölf Jahre alt, als Hiskia starb – fünfzehn Jahre zu spät. »Die Höhenheiligtümer, die sein Vater Hiskia zerstört hatte, ließ er wieder aufrichten … Manasse verleitete Juda und die Einwohner Jerusalems zu noch weit Schlimmerem als alles, was jene Völker getan hatten, die der Herr vernichtet hatte, als Israel das Land in Besitz nahm« (2. Chronik 33,3.9). Welch ein Jammer, dass Hiskia nicht rechtzeitig gestorben war! Er bekam, was er wollte – und starb zu alt!

Nein, die Kirche in der Wüste war weder glücklich noch fröhlich. Aber welch eine Veränderung erlebten sie an dem Tage, als sie das Land einnahmen! »Während die Israeliten in Gilgal in der Ebene von Jericho lagerten, feierten sie das Passahfest am Abend des 14. Tages des ersten Monats.« – Das erste Mal nach achtunddreißig Jahren! »Am Tag nach dem Passah aßen sie ungesäuertes Brot und geröstetes Korn, das sie in dem neuen Land geerntet hatten. Von diesem Tag an gab es nie wieder Manna und die Israeliten ernährten sich schon in diesem Jahr von den Früchten Kanaans« (Josua 5,10-12).

Während sie in der Wüste nur das Zeugnis des Geistes kannten, freuten sie sich jetzt über die Fülle des Geistes. Nicht mehr nur eben am Leben erhalten – jetzt wurden sie völlig befriedigt; nicht nur jene dünne, trockene Waffel, den Vorgeschmack besserer Dinge, sondern *das Land selbst*, in dem Milch und Honig fließt. Statt der eintönigen Wüstendiät besaßen sie jetzt den Überfluss des Landes Kanaan.

Ist deine Seele krank vor Langeweile? Sind dir die Dinge Gottes eintönig und uninteressant geworden? Neigst du mehr zum Murren als zur Freude? Sind dir die Dinge, die du haben möchtest, wichtiger als die Dinge, die du brauchst? Bist du geistlich abgemagert?

Vielleicht lebst du immer noch von Manna. Vielleicht bist du wohl aus Ägypten herausgekommen, aber nie weitergegangen. Vielleicht gehörst du noch zur Kirche in der Wüste!

O unser Gott!
Hilf uns doch, mehr und mehr zu all dem Segen deiner reichen Fürsorge für uns zu gelangen, dass in unserem Gedächtnis Kanaan bald alle Erinnerungen an Ägypten vertreibt, dass die Fülle deines Geistes unser Herz erleuchte mit der Erkenntnis der Herrlichkeit Gottes im Angesicht von Jesus Christus. Jeder Horizont leuchtet uns mit der Verheißung deines Segens; wir müssen und wollen vorangehen und hineingehen, das Land zu erobern und unseren Besitz zu besitzen!
Im Namen Jesu, Amen.

7

Da kam Amalek

Im vorigen Kapitel haben wir von der Bedeutung des Manna gesprochen. Wir müssen uns jetzt einen kleinen Augenblick mit 2. Mose 17 befassen, damit wir verstehen, worauf Paulus sich bezieht, wenn er nicht nur von der »geistlichen Speise«, sondern auch von dem »geistlichen Trank« spricht: »dem ihnen von Gott geschenkten Felsen, der sie begleitete, und dieser Fels war Christus« (1. Korinther 10,3-4).

> Auf den Befehl des Herrn hin verließen die Israeliten die Wüste Sin und zogen von Lagerplatz zu Lagerplatz. Schließlich schlugen sie ihr Lager in Refidim auf. Doch dort gab es kein Trinkwasser. Da machten die Israeliten Mose Vorwürfe und forderten: »Gib uns Wasser zum Trinken!« Da schrie Mose zum Herrn: »Was soll ich nur mit diesem Volk tun? Es fehlt nicht viel und sie steinigen mich!«
> *2. Mose 17,1.2.4*

Als Antwort auf diesen Schrei gebot Gott Mose, den Stab, mit dem er den Strom geschlagen hatte, in seine Hand zu nehmen. »Ich werde auf einem Felsen am Horeb vor dich treten. Schlag auf den Felsen. Dann wird Wasser herausströmen und das Volk wird trinken können« (2. Mose 17,6). Mose gehorchte und Wasser floss aus dem geschlagenen Felsen. Das Volk trank und sein Durst wurde gestillt.

Das ist ein klares Bild. Wasser aus dem geschlagenen Felsen in einem dürstenden Land versinnbildlicht das Geschenk des ewigen Lebens durch den gekreuzigten Christus. Wie der Apostel Paulus schreibt: »Der Fels … war Christus.«

Wie wir später noch besser verstehen werden, ist das nicht die ganze Geschichte, sondern nur ihr Anfang. Allerdings ist dies die einzige Stelle, wo die Geschichte der Erlösung des Menschen beginnen kann: dort, wo der Felsen geschlagen wurde.

Dies ist also die dreifache Darstellung, die Gott von einem erlösten Volk gibt, das in der Wüste lebt: auf Mose getauft – der Glaubende, der »mit Christus« durch den Tod in das Auferstehungsleben hineingenommen ist. Genießer des täglichen Manna – der Glaubende mit dem Zeugnis des Heiligen Geistes im Herzen, dass er ein Kind Gottes ist, versiegelt auf den Tag der Erlösung; aber nur mit einem Vorgeschmack von allem, was Christus denen bedeuten kann, die in der »Fülle« des Heiligen Geistes leben. Erfrischt mit dem Wasser aus dem geschlagenen Felsen – der Glaubende, der die Gabe des ewigen Lebens empfängt aufgrund der Erlösung durch das kostbare Blut des gekreuzigten Herrn Jesus Christus, und trotzdem steht geschrieben: »Und doch fand Gott nach all diesen Wundern an den meisten von ihnen kein Gefallen« (1. Korinther 10,5).

Wenn wir zu 2. Mose 17,8 zurückkehren, lesen wir, sobald Gott dem Volk Wasser aus dem Felsen gegeben hatte, »wurden sie von den Amalekitern angegriffen«. Amalek ist ein Bild für das Fleisch, das um jeden Preis den Vormarsch des erlösten Gottesvolkes durch die Wüste, in das Land der Verheißung hinein, verhindern will.

Es war nicht der Wille Gottes für sein Volk, dass es an dem Ort bleiben sollte, wo der Felsen geschlagen wurde. Mose erinnerte das Volk daran in 5. Mose 1,6: »Der Herr, unser Gott, sprach am Sinai zu uns: ›Ihr lagert nun schon lange genug an diesem Berg.‹« Wie lange hatten sie am Berge Horeb verweilt? Lange genug! »›Brecht auf… Seht! Ich habe euch dieses Land ausgeliefert! Geht hinein und nehmt es in Besitz, denn es ist das Land, das ich, der Herr, euren Vorfahren Abraham, Isaak und Jakob und ihren Nachkommen mit einem Eid versprochen habe‹« (5. Mose 1,7-8). Mit anderen Worten: »Brecht auf, geht voran, geht hinein!« Es war Amaleks Plan und Ziel, dies zu vereiteln.

Es ist faszinierend, die Geschichte Amaleks zu studieren. Wir finden hier dargestellt, wie beständig der Heilige Geist im Gebrauch der Sprache ist, deren er sich zur Offenbarung der Wahrheit durch die ganze Bibel hindurch bedient. Er mag verschiedene Zeichen oder Sinnbilder wählen, um ein und dieselben geistlichen Grundsätze zu veranschaulichen. Diese Zeichen oder Sinnbilder aber, die er wählt, werden einheitlich in der ganzen Heiligen Schrift gebraucht.

Dies ist einer der bemerkenswertesten Beweise für die übernatürliche Inspiration der Bibel. Die Bibel wird auf ganz neue Art und Weise lebendig und besonders das Alte Testament wird dir viel kostbarer und voller tiefer geistlicher Schätze werden, wenn du dem Heiligen Geist erlaubst, dich die Bedeutung seiner Sprache zu lehren.

Wie wir schon gesehen haben, ist es die Aufgabe des Heiligen Geistes, sobald er bei dir, dem erlösten Sünder, eingezogen ist, dein ganzes Leben für die Herrschaft von Jesus Christus in Besitz zu nehmen. Verstand, Wille und Gefühl sollen unter seine Kontrolle kommen. Ja, deine ganze Persönlichkeit soll dem zur Verfügung stehen, der gekommen ist, um in dir zu wohnen, nachdem er dich erlöst hat. Dein Leib soll der Tempel des lebendigen Gottes werden.

Sofort aber wird das Fleisch dagegen Widerstand leisten; denn »das Fleisch begehrt auf gegen den Geist und der Geist gegen das Fleisch« (Galater 5,17; LUT). Das Fleisch bekämpft jeden Versuch des Geistes Gottes, dich zu geistlicher Reife zu führen. Seit Beginn deines christlichen Lebens steht Amalek dir im Wege.

»Mose befahl Josua: ›Wähle dir Männer aus und kämpfe gegen das Heer von Amalek. Morgen werde ich mich mit dem Stab Gottes in der Hand auf den Hügel dort stellen.‹ Josua tat, was Mose ihm gesagt hatte. Er führte seine Männer in den Kampf gegen die Amalekiter« (2. Mose 17,9-10). Josua stand auf dem Schlachtfeld und kämpfte mit dem Feind. Aber das Ergebnis des Kampfes lag nicht in seiner Hand; denn solange »Mose seinen Arm hochhielt, waren die Israeliten im Vorteil. Doch immer, wenn er seinen Arm sinken ließ, gewannen die Amalekiter die Oberhand« (2. Mose 17,11). Was hier ausgedrückt werden will, ist deutlich genug. Sieg über Amalek wird von Gott *gegeben* – er kann nicht *erkämpft*, er kann nur empfangen werden, und zwar durch die Anwendung des Glaubens.

Nach Exodus 4, nachdem Gott Mose dazu berufen hatte, das Werkzeug in seiner Hand zur Erlösung seines Volkes aus Ägypten zu sein, protestierte Mose:

> »Aber sie werden mir nicht glauben und nicht auf mich hören. Sie werden einwenden: Der Herr ist dir nicht erschienen!« Da fragte der Herr ihn: »Was hast du da in der Hand?« »Einen Hirtenstab«, antwortete Mose. »Wirf ihn auf den Boden«, befahl ihm der Herr. Mose gehorchte und der Stab verwandelte sich in eine Schlange. Mose lief vor ihr davon. Da befahl ihm der Herr: »Pack sie beim Schwanz.« Mose packte die Schlange und sie wurde in seiner Hand wieder zum Hirtenstab.
>
> *2. Mose 4,1-4*

Gott gab Mose das Wahrzeichen von einem Sieg, der bereits gewonnen war. Einem Sieg, den Gott denen schenkt, die ihm vertrauen.

Als Mose vor der Schlange floh, sprach Gott in anderen Worten zu ihm: »Lauf nicht davor weg! Wende dich um! Schau ihr ins Gesicht! Strecke deine Hand aus und pack sie beim Schwanz!« Und in dem Augenblick, als Mose sie packte, wurde die Schlange so hilflos und harmlos wie ein Stock.

Vor welcher Schlange in deinem Leben bist du geflohen? Was hat dich verfolgt als Christ? Wovor hast du Angst? Gott sagt: »Hör auf, davonzurennen – auch für dich gibt es Sieg. Dreh dich um, strecke deine Hand aus und ergreife den Sieg, den ich dir gegeben habe.« – Wenn Mose seine Hand sinken ließ, siegte Amalek, und Josua kämpfte eine Schlacht, die bereits verloren war. Wenn Mose seine Hand emporhielt, siegte Josua – er hatte teil an einem Sieg, der schon errungen war!

Es gibt unzählige Christen, die eine verlorene Schlacht kämpfen! Sie versuchen, in eigener Kraft gegen die Tücken der Sünde anzukämpfen. Das ist ein Kampf, den du dein ganzes Leben lang führen kannst; aber lass es dir sagen: Du wirst nie gewinnen! Es ist ein Kampf, der bereits verloren wurde, verloren in dem ersten Adam, der zur lebendigen Seele gemacht wurde und starb. Doch der letzte Adam, Jesus Christus, hat die Sünde, den Tod und die Hölle, ja den Satan selbst, besiegt! Warum nimmst du in ihm nicht den Sieg an, den er schon gewonnen hat? Sieg über das Fleisch wird nicht erkämpft, er wird empfangen. »Wandelt im Geist, so werdet ihr das Begehren des Fleisches nicht erfüllen« (Galater 5,16; LUT). Gleichgültig, was dich bedrohen will, wenn du im Geiste wandelst, kannst du dich umwenden und deinem Feind ins Angesicht blicken. Du kannst ihn »beim Schwanz fassen« und findest ihn hilflos und harmlos in deiner Hand! »Im Geiste wandeln« heißt mit anderen Worten im Glauben den Sieg, den Gott schenken wird, als Tatsache vorwegnehmen. Gott wird deine Glaubensannahme bestätigen und in deiner Erfahrung zur Wirklichkeit machen.

Der Teufel liebt es, die Wahrheit zu verdrehen und sie in Lüge zu verwandeln. Wahrscheinlich hat er dir die Sache folgendermaßen erklärt: »Versuche, die Lüste des Fleisches nicht zu vollbringen, dann wirst du im Geiste wandeln.« Es klingt dann so, als wäre das Letzte die Belohnung für das Erste. Satan weiß, dass er dich auf diese Weise mit dir selbst beschäftigt hält, statt dass du deine Aufmerksamkeit ganz auf Christus ausrichtest.

Nichts bietet einen so kläglichen und bemitleidenswerten Anblick wie der Versuch des Fleisches, heilig zu sein. Das Fleisch hat einen verkehrten Hang zur Gerechtigkeit. Die Gerechtigkeit, die es erreichen wird, ist immer Selbstgerechtigkeit. Selbstgerechtigkeit ist immer selbstbewusste Gerechtigkeit, und selbstbewusste Gerechtigkeit ist immer voller Eigenlob. Sie erzeugt den Angeber, der immer auffallen, immer anerkannt, befragt, mit Beifall bedacht werden muss. Andererseits, wenn das Fleisch auf dem Wege zur Selbstgerechtigkeit versagt, wird es anstatt mit Eigenlob mit Selbstmitleid erfüllt sein. Das bringt den nach innen gerichteten Menschen hervor, den ewig Hilfesuchenden, der jeden um Rat fragt, aber sich nie helfen lässt, den »Seelsorgefall«.

Den Teufel interessiert es wenig, ob du ein nach innen oder nach außen gerichteter Mensch bist, ob du mit Selbstmitleid oder Eigenlob erfüllt bist, ob du Erfolg hast oder nicht, in den fleischlichen Anstrengungen heilig zu sein. Er weiß, du bist in jedem Fall mit dir selbst beschäftigt und nicht mit Christus. Du bist egozentrisch – dein Ich ist das Zentrum deines Lebens – und nicht christozentrisch – Christus ist die Mitte deines Lebens.

So wird Satan versuchen, dich zu überzeugen, dass »im Geist wandeln« einfach die Folge deiner frommen Bemühungen ist, nicht die »Lüste des Fleisches« zu vollbringen, deren eigener Urheber er ist. Indem er so tückischerweise Weg und Ziel verdunkelt, beraubt er dich der einzigen Möglichkeit, Sieg zu haben.

Hast du es nicht auch versucht? Du hast versucht, um im Geist zu wandeln, die Lüste des Fleisches nicht zu vollbringen, und hast die Schlacht verloren. Gott aber sagt zu dir: »Wandle im Geist«, in einer Haltung völliger Abhängigkeit von ihm, indem du Gott in allen Dingen alles anvertraust und überlässt, »dann wirst du die Lüste des Fleisches nicht vollbringen«. Dann wirst du nämlich durch Christus den Sieg feiern, der bereits von ihm gewonnen wurde.

Im Geiste wandeln ist nicht eine Belohnung, sondern der Weg zum Ziel: das Leben von Christus als Dynamik deines Lebens zu genießen! Wenn du Schritt für Schritt in einer Haltung völliger Abhängigkeit von Jesus Christus lebst, dann wird er in dir den Sieg feiern, den er über Sünde, Tod und Teufel bereits errungen hat. Immer wenn Mose seine Hand emporhielt – Symbol des Glaubens, der den gottgegebenen Sieg annimmt –, siegte Josua. »Deshalb gelang es Josua, das Heer von Amalek zu schlagen. Dann wies der Herr Mose an: ›Schreib dies zur Erinnerung auf und schärfe es Josua ein: Ich werde die Amalekiter vernichten, sodass sich niemand mehr an sie erinnern wird.‹ Mose errichtete einen Altar und nannte ihn ›Der Herr ist mein Banner‹. Er sagte: ›Schwört dem Herrn Treue! Der Herr führt Krieg gegen die Amalekiter von Generation zu Generation‹« (2. Mose 17,13-16). Es wird nie einen Tag geben, an dem Gott mit Amalek Frieden machen wird.

Gott sagt von dir, dass in deinem Fleische nichts Gutes wohnt und dass kein Fleisch sich jemals vor ihm rühmen wird (Römer 7,18; 1. Korinther 1,29). Denke daran, was das Fleisch ist: der Ansatzpunkt für jenen Geist, »der zu dieser Zeit am Werk ist in den Kindern des Ungehorsams« (Epheser 2,2; LUT), der aber zuerst Ausdruck fand im Fall Satans, als er in seinem Herzen sagte: »Ich werde zum Himmel aufsteigen und mir einen Thron über den Sternen Gottes machen. Ich werde weit im Norden auf dem Berg der

Versammlung sitzen. Ich werde in die Wolken aufsteigen und mich dem Höchsten gleichmachen« (Jesaja 14,13-14).

Er wollte etwas *haben*, etwas *vollbringen* und jemand *sein*, unabhängig von Gott. Dieses teuflische Begehren sucht das Fleisch in dir zu verwurzeln. Das Fleisch umfasst alles, was du in der Unabhängigkeit von Christus versuchst zu *haben*, zu *sein* und zu *vollbringen*. Gott liegt von Generation zu Generation im Krieg gegen diese satanische Lebenshaltung, die dich zu dem macht, was du bist: außerhalb von Christus und ohne Christus.

Gibt es irgendeinen Grund, in Amalek eine Versinnbildlichung des Fleisches zu erkennen? Welches seiner Kennzeichen gibt uns einen berechtigten biblischen Grund dafür, in ihm das Bild der gefallenen Natur eines gefallenen Menschen zu sehen?

Wir müssen dazu einen wichtigen Abschnitt in 1. Mose 25 aufschlagen, der auf den ersten Blick vielleicht gar nicht in den Zusammenhang des Kapitels gehört.

> Eines Tages kochte Jakob einen Eintopf. Da kam Esau erschöpft von der Jagd zurück. Er sagte zu Jakob: »Ich bin hungrig! Gib mir etwas von dem roten Eintopf, den du gekocht hast.« So erhielt Esau den Beinamen Edom – rot. Jakob entgegnete: »Gut, aber nur, wenn du mir dafür dein Erstgeburtsrecht verkaufst.« »Ich muss ja sowieso einmal sterben«, sagte Esau. »Was nützt mir da mein Erstgeburtsrecht?« Jakob beharrte: »Gut, dann schwöre es mir zuerst.« Da schwor Esau es ihm und verkaufte so alle seine Rechte als Erstgeborener an seinen jüngeren Bruder. Dann gab Jakob Esau das Brot und den Linseneintopf. Esau aß und trank. Dann stand er auf und ging wieder weg. So gleichgültig war ihm sein Erstgeburtsrecht.
> *1. Mose 25,29-34*

Worin bestand das Erstgeburtsrecht, das Esau verachtete und das Jakob ererbte? Das Erstgeburtsrecht war die Verheißung, die Gott dem Abraham gegeben hatte, dass in seinem Samen alle Völker auf Erden gesegnet werden sollten. Wie Paulus im Galaterbrief erklärt: »Es heißt nicht: ›und den Nachkommen‹, als wären viele gemeint, sondern es gilt einem: ›und deinem Nachkommen‹, welcher ist Christus« (Galater 3,16; LUT). Das heißt, das Erstgeburtsrecht schloss die Geburt von Christus ein, des Samens Abrahams im Besonderen, der durch den Samen Abrahams im Allgemeinen kommen sollte und die Menschheit von ihrem Zustande der Verlorenheit erlösen und zu Gott zurückführen würde. Dann würde sie wieder abhängig werden von dem, dessen Gegenwart Leben bedeutet und der allein den Menschen zum Menschen macht, zum Ebenbild Gottes.

Das war das Erstgeburtsrecht, Gottes Bereitwilligkeit, durch seinen Sohn den Menschen wieder zum Menschen zu machen, ihn zu seiner wahren Berufung zurückzuführen – und dieses verachtete Esau! Esau sagte sich: »Sonntagsschulgerede! Ich brauche dieses kindische Zeug nicht. Ich habe auch ohne Gott alles, was man haben muss, um ein Mann zu sein!« In ihm wurde die Urlüge fortgesetzt, mit der Satan Adam verführte: »Du bist, was du bist, kraft dessen, was du bist, und nicht kraft dessen, was Gott ist. Du kannst Gott verlieren und verlierst nichts!«

In Esau nahm der Geist Satans Gestalt an: »Wozu sollte ich ein Erstgeburtsrecht nötig haben, das mich in die Abhängigkeit von Gott bringen will? Ich bin unabhängig, ich habe an mir selbst genug und ich will sein, was ich bin, kraft dessen, was ich bin!«

In den Augen der Welt würde Esau als echter Mann gelten. Er war Jäger, mit Haaren auf der Brust, der in den Wald ging, um zu jagen. Jakob dagegen war, wie wir sagen würden, ein Schlappschwanz, Muttis Liebling. Er blieb zu Hause und half beim Spülen.

Er hing seiner Mutter am Schürzenzipfel und sie erlaubte ihm nicht einmal, sich vor seinem siebzigsten Lebensjahr nach einer Freundin umzusehen. Das war Jakob. Sein Name heißt »Betrüger« oder »Schwindler« und er machte seinem Namen alle Ehre! Er war ein Lügner und er war unaufrichtig. Er belog seinen greisen Vater und betrog seinen eigenen Bruder.

Jakob war ein Kriecher, und vom menschlichen Standpunkt aus gesehen hatte Esau wenig übrig für seinen Zwillingsbruder. Sollte er das Erstgeburtsrecht nur haben! Esau war sich über eines klar geworden: Religion ist eine Krücke für den Schwächling, und wenn es jemals einen gab, der eine Krücke brauchte, dann war es Jakob. Esau hatte auch nichts für Erstgeburtsrechte übrig, die ihn von seiner Selbstgenügsamkeit und Unabhängigkeit abbringen wollten. Gott kann für solch einen Menschen nichts tun!

> Diese Last, diese Botschaft, richtete der Herr durch Maleachi an Israel. »Ich habe euch geliebt«, spricht der Herr. »Doch ihr entgegnet: Inwiefern hast du uns geliebt?« Und der Herr antwortet: »Ist nicht Esau der Bruder Jakobs? Jakob liebte ich, Esau dagegen hasste ich. Ich verwüstete sein Bergland und machte seinen Erbbesitz zu einer Wüste für Schakale.« Die Edomiter sagen vielleicht: »Wir wurden zerschlagen, doch wir werden das Zerstörte wieder aufbauen.« Aber der Herr, der Allmächtige, spricht: »Sie sollen nur versuchen es aufzubauen, doch ich werde es wieder zerstören! Ihr Land wird als *Land der Gottlosigkeit* bekannt sein und das Volk als *das Volk, auf das der Herr für immer zornig ist.*«
> *Maleachi 1,1-4*

Warum hasste Gott Esau? Weil Gott nichts, aber auch gar nichts, mit einem Menschen anfangen kann, der nicht zugibt, dass er etwas von Gott braucht. Esau lehnte Gottes Gnade ab. Er wies Gottes Eingreifen in die Not des Menschen zurück. Er verachtete sein Erstgeburtsrecht – und Gott vergab ihm nie! Das ist die Grundhaltung der Sünde: Gott ist völlig belanglos in dem harten Geschäft des Lebens.

Gott kann nichts für den Menschen tun, der vom Geist Esaus verdorben ist. Traurigerweise kann sogar ein Christ so überzeugt sein von seiner eigenen Wichtigkeit und Größe, dass die Gegenwart von Christus, die in ihm wohnt, ihm persönlich nichts bedeutet, obwohl er sich sachlich zu ihr bekennt. In Wirklichkeit aber riecht sie ihm zu sehr nach Mystik. Solche Lehren scheinen ihm übertrieben subjektiv; er ist stolz darauf, ein praktisch gesinnter Mann der Tat zu sein, so kann auch er sein Erstgeburtsrecht verachten.

Aber Jakob, der Betrüger – für ihn konnte Gott etwas tun, während er für Esau keine Hilfe hatte. Obwohl die Menschen Jakob mit Recht verachteten, konnten sie ihn bestimmt nicht mehr verachten als er sich selbst. Mag sein, dass er manchmal in der Dunkelheit der Verzweiflung und Einsamkeit aus tiefstem Herzen zu Gott schrie und vielleicht mit Tränen flehte: »Gott, wenn es irgendeinen Segen gibt für einen Menschen wie mich, etwas, wodurch ich endlich anders werden kann, das brauche ich und das möchte ich haben!«

Gott kann dort ansetzen und anfangen, wo der Mensch völlig in Verzweiflung geraten ist, wenn er keine Achtung mehr vor sich selbst hat und keine Erwartung mehr in sich setzt. Gott liebte Jakob! Gott liebte ihn nicht um deswillen, was Jakob war, sondern um deswillen, was er aus ihm machen konnte; Gott liebte dich nicht um deswillen, was du gewesen bist. Er liebte dich und liebt dich noch immer um deswillen, was er aus dir machen wird. Gott liebte Saulus von Tarsus bestimmt nicht darum, weil er in den Tod des

Stephanus einwilligte und bei seiner Steinigung anwesend war. Er liebte Saulus von Tarsus nicht, weil er auf dem Wege nach Damaskus war, Mordanschläge im Herzen, um dann dort Männer, Frauen und Kinder ins Gefängnis zu werfen, die es wagten, den Namen des Herrn Jesus anzurufen. Gott liebte Saulus von Tarsus um deswillen, was er werden würde: Paulus, ein Apostel Jesu Christi »durch den Willen Gottes«!

Gott liebt dich nicht für das, was das Fleisch aus deiner menschlichen Persönlichkeit gemacht hat. Er liebt dich im Blick auf das, was aus deiner menschlichen Persönlichkeit werden kann. Gott aber kann nur anfangen, wenn du zugibst, dass du Christus brauchst. Das hat Esau nie getan!

> Die Prophetie Obadjas: So spricht mein Herr, der Herr, über Edom: Wir haben eine Nachricht vom Herrn gehört, dass ein Bote zu den Völkern geschickt wurde: »Rüstet euch! Wir wollen Edom angreifen!« Siehe, ich werde dich unter den Völkern demütigen. Du wirst verachtet sein! Du bist stolz, weil du hoch oben in den Felsen wohnst. Wer kann mich schon zur Erde hinunterstoßen?«, fragt sich der, der in dieser Höhe wohnt. »Selbst wenn du dich in die Lüfte erhöbest wie die Adler und dein Nest in den Sternen bautest, werde ich dich hinabstoßen, sagt der Herr.
>
> *Obadja 1,1-4*

Das ist Esaus Sinn: »Ich will mich wie Gott über die Sterne erhöhen! Erstgeburtsrecht? Wer hat Verlangen nach dem elenden Erstgeburtsrecht? Ich habe alles, um Mensch zu sein – ohne Gott und außerhalb von Gott. Gott kann sein Erstgeburtsrecht behalten.« So behielt Gott sein Erstgeburtsrecht und gab es Jakob, den er liebte.

Jakob wollte alles besitzen, was Gott geben kann. Obwohl es zwanzig mühselige Jahre kostete, ehe er in die Fülle seiner Berufung kam, konnte Gott wenigstens mit Jakob einen Anfang machen. Das war bei Bethel, dem »Haus Gottes«. Zwanzig Jahre später konnte es in Pniel, dem »Angesicht Gottes«, fortgeführt werden, wo Jakob, eine lange Schule der Verzweiflung abschließend, mit einem Mann rang, der ihm die Hüfte verletzte und ihn fragte: »Wie heißt du?« Jakob flüsterte beschämt: »Betrüger, Kriecher, Verdreher, Dieb, Lügner – das ist mein Name!« Gott sagte zu ihm: »Jakob, das ist es, worauf ich gewartet habe, dass du dich bei deinem eigenen Namen nennst. – Jetzt werde ich deinen Namen ändern! Du sollst Israel heißen – Gottesfürst!«

Wenn Gott die Gelegenheit gegeben wird, kann er aus dem erbärmlichsten menschlichen Subjekt einen Gottesfürsten machen. Hast du dich jemals vor Gott als der bekannt, der du wirklich bist? Hast du dich jemals bei deinem eigenen Namen genannt? Wenn du das gelernt hast, dann hast du das Geheimnis des Segens entdeckt, und Gott wird dir einen neuen Namen geben.

8

Erkenne deinen Feind

Du wirst an diesem Punkt wahrscheinlich fragen, was denn Esau mit Amalek zu tun hatte. Um das herauszufinden, müssen wir zunächst einmal 1. Mose 36 aufschlagen. Lass dich noch einmal an die Beständigkeit des Heiligen Geistes erinnern, mit der er am Werk ist, um geistliche Wahrheiten zu veranschaulichen. Immer wenn du »Esau«, »Gebirge Seïr« oder »Edom« im Wort Gottes findest, kannst du sicher sein, dass hier von der Sünde als Prinzip die Rede ist; von jener satanischen Haltung der Selbstgenügsamkeit und Unabhängigkeit, die Kennzeichen des Fleisches sind; dem fleischlichen Sinn, der dem Gesetz Gottes nicht untertan ist, denn er »wird es auch nicht können« (Römer 8,7).

> Deshalb ließ sich Esau, der auch unter dem Namen Edom bekannt ist, im Bergland von Seïr nieder. Dies ist eine Liste der Nachkommen von Esau, dem Stammvater der Edomiter, die im Bergland von Seïr lebten ... Elifas hatte von seiner Nebenfrau Timna noch einen weiteren Sohn namens Amalek.
>
> *1. Mose 36,8.9.12*

Amalek war Esaus Enkelsohn. Maleachi sagt uns: Gott ist im Streit gegen Esau von Generation zu Generation, und 2. Mose 17 sagt:

Gott streitet gegen Amalek von Generation zu Generation. In Amalek fand die Gottlosigkeit Esaus, der sein Erstgeburtsrecht verachtete, eine Fortsetzung. Es ist interessant, in 1. Mose 36,31 weiterzulesen: »Dies sind die Könige, die in Edom herrschten, bevor es Könige in Israel gab ...« Edom hatte schon lange vor Israel Könige. Das ist von tiefer geistlicher Bedeutung.

Du bist von Natur aus als »Kind des Zorns« geboren. Das Fleisch übt die Herrschaft des »Königs von Edom«, das ist Satan, über dich aus, lange bevor der Heilige Geist die Herrschaft des »Königs von Israel«, des Herrn Jesus Christus, in dir aufrichtet. Zeitlich gesehen ist das Fleisch in der gefallenen Menschheit immer vor dem Heiligen Geist da. Das wird übereinstimmend in der Bildersprache der Bibel zum Ausdruck gebracht.

Kain, »der dem Bösen angehörte« (1. Johannes 3,12), wurde vor dem »gerechten« Abel geboren (Hebräer 11,4). Ismael, »der nach dem Fleisch geboren war«, kam vor Isaak, »der nach dem Geist geboren war« (Galater 4,29; LUT). Esau, »der Gottlose«, den Gott hasste (Hebräer 12,16-17), wurde vor Jakob geboren, den Gott liebte. Saul, der wie ein »Narr« handelte (1. Samuel 26,21) und den Gott verwarf (1. Samuel 15,26), regierte vor David, seinem Nachfolger, der besser war als er (1. Samuel 15,28), den Saul fürchtete, denn Gott war mit ihm (1. Samuel 18,12).

Von den Königen, die in Edom regierten, wird weiter gesagt: »Als Bela starb, wurde Jobab ... König. Als Jobab starb, wurde Huscham ... König. Als Huscham starb, wurde Hadad ... König ... Als Hadad starb, wurde Samla ... König. Als Samla starb, wurde Schaul ... König. Als Schaul starb, wurde Baal-Hanan ... König. Als Baal-Hanan ...« (1. Mose 36,33-39). Dieser starb und jener starb und der Nächste starb! Sie alle starben, das kennzeichnete ihre Regierung! Sie regierten zum Tode, im Gegensatz zu dem, der König in Israel werden sollte, der zum Leben herrscht, der verheißene Same in dem von Esau verachteten Erstgeburtsrecht, dessen Königreich kein Ende haben wird!

> Durch die Sünde des einen Menschen gerieten wir unter die Herrschaft des Todes, doch durch den anderen Menschen, Jesus Christus, werden alle, die Gottes Gnade und das Geschenk der Gerechtigkeit annehmen, über Sünde und Tod siegen und leben! So wie die Sünde also über alle Menschen herrschte und ihnen den Tod brachte, so herrscht jetzt Gottes wunderbare Gnade. Durch sie werden wir vor Gott gerecht gesprochen und gewinnen durch Jesus Christus, unseren Herrn, das ewigen Leben.
> *Römer 5,17.21*

Wie ich schon betont habe, wurdest du von Natur aus »als Kind des Zorns« tot in Sünden (Epheser 2,5) geboren, denn »fleischlich gesinnt sein ist der Tod« (Römer 8,6; LUT). Du bist gefallener Same des gefallenen Adam. Fleischlich gesinnt zu sein, bedeutet nichts weiter, als in deiner menschlichen Persönlichkeit von dem »Geist, der in den Herzen derer wirkt, die Gott nicht gehorchen wollen« (Epheser 2,2) beherrscht zu werden. Das ist der Geist, der die Abhängigkeit des Menschen von Gott verwirft. Gottes innewohnende Gegenwart allein ist Leben, seine Abwesenheit aber der Tod. Dagegen »geistlich gesinnt sein ist Leben und Friede« (Römer 8,6; LUT). Denn geistlich gesinnt sein bedeutet, dass du anerkennst, dass allein Christus dich zum Menschen macht, wenn er als König Aufnahme, Verehrung und Gehorsam findet.

»Denn in Christus lebt die Fülle Gottes in menschlicher Gestalt, und ihr seid durch eure Einheit mit Christus damit erfüllt. Er ist Herr über alle Herrscher und alle Mächte« (Kolosser 2,9-10). Es ist das Werk des Teufels, deine Versetzung aus der Obrigkeit der Finsternis in das Reich des geliebten Gottessohnes zu verhindern (Kolosser 1,13). Amalek, von dem Geist Satans erfüllt, ist ein hartnäckiger Feind des Vormarsches und Wachstums des Volkes Gottes.

»Deshalb schickte Balak, der Sohn Zippors, der zu dieser Zeit König von Moab war, Boten zu Bileam, dem Sohn Beors, der in seiner Heimat Petor am Euphrat lebte, und ließ ihm sagen: ›Ein Volk ist aus Ägypten herangezogen. Es hat sich über das ganze Land ausgebreitet und lagert mir gegenüber. Komm doch zu mir und verfluche dieses Volk, denn es ist mir überlegen‹« (4. Mose 22,4-6). Balak wollte, dass Bileam Israel verfluchen sollte. Wir lesen aber im nächsten Kapitel: »Da begann Bileam zu weissagen: ›Aus Aram berief mich Balak zu sich, der König von Moab holte mich aus dem Gebirge des Ostens: Komm, verfluche Jakob für mich. Komm und verwünsche Israel. Doch wie kann ich verfluchen, wen Gott nicht verflucht hat? Wie kann ich verwünschen, wen der Herr nicht verwünscht hat?‹ … Und Bileam weissagte: ›… Ich sehe ihn, aber noch nicht jetzt. Ich erkenne ihn, doch er ist noch nicht nahe. Ein Stern geht auf aus Jakob; ein Zepter kommt aus Israel hervor‹« (4. Mose 23,7-8; 24,15.17).

Das war das Erstgeburtsrecht! In prophetischen Worten verkündigte Bileam die Geburt des Herrn Jesus Christus, des verheißenen Samens Abrahams. »Aus Jakob soll der Herrscher kommen« – das war die Botschaft, die von Neuem von den Lippen Gabriels verkündigt wurde: »Da erklärte er ihr: ›Hab keine Angst, Maria, denn du hast Gnade bei Gott gefunden. Du wirst schwanger werden und einen Sohn zur Welt bringen, den du Jesus nennen sollst. Er wird groß sein und Sohn des Allerhöchsten genannt werden. Gott, der Herr, wird ihn auf den Thron seines Vaters David setzen. Er wird für immer über Israel (das Haus Jakobs) herrschen, und sein Reich wird niemals untergehen!‹« (Lukas 1,30-33).

Nach der messianischen Prophezeiung in 4. Mose 24 lesen wir von dem Propheten Bileam: »Bileam blickte auf das Volk Amaleks und prophezeite Folgendes: ›Amalek war die erste der Nationen (*die gegen Israel kämpfte; die erste, die sich dem erlösten Volk Gottes in den Weg stellte, um es an seinem Vormarsch in das Land Kanaan zu hindern*), doch am Ende wird es Zeuge seines eigenen Untergangs sein!‹« (4. Mose 24,20). Wenn du Kompromisse mit dem Fleisch machst, dann verbündest du dich mit dem, was jetzt und zu aller Zeit Gottes Feind sein wird. Und das, sagt Gott, sollst du nie vergessen: »Denkt daran, was die Amalekiter euch angetan haben, als ihr aus Ägypten kamt. Sie griffen euch an, als ihr müde und erschöpft wart, und brachten alle um, die geschwächt am Ende eures Zuges gingen. Sie hatten keine Ehrfurcht vor Gott« (5. Mose 25,17-18).

Das ist die Stunde, in der Amalek zuschlägt: Wenn du müde und matt bist, wenn du hinterherhinkst und wenn deine Schritte schleppend geworden sind; wenn du geistlich niedergeschlagen bist und es ringsumher dunkel ist und du kein Licht mehr siehst; wenn du dich aus dem Kampf zurückgezogen hast, weil du meinst, du könntest nicht mehr Schritt halten; wenn du dir allein vorkommst; aber du bist nicht allein, denn Amalek wird da sein! Mit seinem hämischen, boshaften Gekicher und Gegrinse wird Amalek auf seine eigene gemeine Weise erscheinen. Das ist Amalek und er bringt nie Gutes! »Sie hatten keine Ehrfurcht vor Gott.« Amalek hat keine Zeit für Gott. Er ist Gottes Feind. Er ist dem Gesetz Gottes nicht untertan, denn er »wird es auch nicht können« (Römer 8,7). Er ist gottlos. Er verachtet das Erstgeburtsrecht – denke an Amalek!

Es gibt etwas, woran dich zu erinnern Gott dir nicht das Recht gibt, denn er selbst erinnert sich nicht mehr daran. Gott sagt: »Und ich werde nie wieder an ihr Unrecht und ihre Sünden denken« (Hebräer 10,17). Gott tut nicht so, als hättest du nie gesündigt. Er ignoriert deine Schuld nicht. Er spricht im Blick auf das vergossene Blut seines lieben Sohnes, nachdem er aller deiner Sünden gedacht hat, ohne eine einzige zu vergessen: »Ich will an deine Sünden nicht mehr denken.« Er lässt unsere Sünden so fern von uns sein, wie der Morgen vom Abend ist (Psalm 103,12; LUT). Er hat alle unsere Sünden hinter sich zurückgeworfen (Jesaja 38,17). Er hat unsere Sünden in die Tiefen des Meeres versenkt (Micha 7,19). Wenn deine Sünden gleich blutrot wären, so sollen sie doch schneeweiß werden. Und wenn sie gleich wie Scharlach wären, sollen sie doch wie Wolle werden (Jesaja 1,18). Gott nimmt dir das Recht, dich an das zu erinnern, was er vergisst.

Ich betone das ganz ausdrücklich, weil es Menschen gibt, die dir weiszumachen versuchen, dass wahre Heiligkeit dir nur dann zuteilwird, wenn du auf dem Grund deiner Vergangenheit herumwühlst. Das heißt, sich an Dinge zu erinnern, die Gott vergessen hat. Diese Menschen machen aus deiner seelischen Not ein Geschäft und erfreuen sich an deiner Schande! Es ist ein Meisterstück satanischer List, dein Fleisch zu verführen, um sich eines öffentlichen Sündenbekenntnisses zu rühmen, das du als Preis für einen Segen bezahlt hast. Sieg, Heiligung, Erweckung, die Fülle des Heiligen Geistes, sie alle können nicht zu solch einem Preis erkauft werden, denn der Preis ist bereits bezahlt! Wer eben etwas hinzufügen will, verleugnet die volle Genüge des Todes Jesu Christi.

Sünde muss vor Gott bekannt werden, und es muss dort Wiedergutmachung geschehen, wo der Geist Gottes es fordert. Aber »das Blut von Jesus, seinem Sohn, reinigt uns von jeder Schuld« und »wenn wir ihm unsere Sünden bekennen, ist er treu und gerecht, dass er uns vergibt und uns von allem Bösen reinigt« (1. Johannes 1,7.9).

Satan ist der Ankläger der Brüder (Offenbarung 12,10) und »er verklagt sie vor Gott Tag und Nacht«. Lass dir von ihm nicht deine Freude, deinen Frieden und deine Gewissheit durch eine Art geistlicher Erpressung rauben. Christus ist dir zur Gerechtigkeit gemacht worden und all seine Reichtümer sind dir geschenkt worden aufgrund dessen, was er für dich getan hat. »Sie haben ihn durch das Blut des Lammes besiegt und dadurch, dass sie an der Botschaft Gottes festhielten und bereit waren zu sterben« (Offenbarung 12,11). Der Preis ist bezahlt worden, sowohl für deine Erlösung als auch für deine Heiligung. Wenn Gott vergibt, dann vergisst er auch!

Wenn du auf der einen Seite nicht das Recht hast, dich an das zu erinnern, was Gott vergisst, so hast du auf der anderen Seite nicht das Recht, das zu vergessen, woran Gott sich erinnert – und Gott erinnert sich an Amalek. Amalek ist die verunreinigte Quelle! Amalek ist die vergiftete Wurzel! Amalek »ist das Geheimnis der Gesetzlosigkeit« (2. Thessalonicher 2,7), das verborgene Prinzip der Auflehnung gegen die göttliche Autorität, die bereits in der Welt wirksam ist. Er lehnt sich auf gegen alles, was Gott heißt oder anbetungswürdig ist: »Er wird sich in den Tempel Gottes setzen und behaupten, er selbst sei Gott« (2. Thessalonicher 2,4). Amalek ist jenes Grundprinzip oder Urprinzip der Sünde, das vom Teufel abstammt und dich zu dem macht, was du bist, außerhalb von Gott und ohne Gott. Alles, was du tust und was Gott dir vergeben und vergessen will, kommt aus dem, was du bist. Das aber wage nie zu vergessen!

Erkenne die Sündhaftigkeit deiner Taten an. Dann wirst du auch die Bedeutung dessen verstehen, was er getan hat. Denke an die Sündhaftigkeit deines Seins, und du wirst die Bedeutung dessen verstehen, was er ist, und dass du das brauchst, was er ist. Gott sagt: »Denke an Amalek!« Im folgenden Kapitel werden wir die Tragödie eines Mannes miterleben, der sich zu erinnern vergaß.

9

Der Mann, der sich zu erinnern vergaß

In 1. Samuel 9 wird uns ein sehr vielversprechender, liebenswerter junger Mann vorgestellt, gewinnend und demütig, liebenswürdig und gewissenhaft, von ungewöhnlich eindrucksvoller Erscheinung, mit einem ausgeprägten Verantwortungsbewusstsein, der schließlich der erste König in Israel werden sollte und trotzdem zur gleichen Zeit sein Leben ruinierte und am Ende als alter Mann enttäuscht und verbittert starb, nur weil er vergessen hatte, sich zu erinnern.

»Samuel sagte zu Saul: ›Ich habe dich zum König über sein Volk Israel gesalbt, weil der Herr mir den Auftrag dazu gegeben hat. Jetzt höre die Botschaft des Herrn! So spricht der Herr, der Allmächtige: Ich habe nicht vergessen, was die Amalekiter Israel angetan haben‹« (1. Samuel 15,1-2).

In einem der vorigen Kapitel haben wir schon gesehen, dass manchmal die schwerste Strafe Gottes darin bestehen kann, dass er seinem Volk das gibt, was es will, wenn es nicht das annimmt, was es braucht. Das wurde wieder wahr, als Israel nach einem König schrie: »Wir wollen wie die Völker um uns herum sein. Unser König soll über uns herrschen und unsere Schlachten führen« (1. Samuel 8,20).

Gott selbst war König in Israel und es war nie sein Wille gewesen, dass ein anderer die Stelle des Königs einnehmen sollte als nur der von der Jungfrau Maria Geborene, der über das Haus Jakob regieren sollte in Ewigkeit. »›Hör auf die Stimme des Volkes, auf alles, was sie sagen‹, antwortete der Herr, ›denn nicht dich weisen sie zurück, sondern mich. Sie wollen mich nicht länger als König … Erfüll ihre Bitte, aber warne sie deutlich davor, wie ein König über sie herrschen wird‹« (1. Samuel 8,7.9). So kam es, dass Saul, »ein stattlicher, junger Mann«, zum ersten König über Israel gesalbt wurde.

Als Saul mit der Aufgabe betraut wurde, warnte ihn Samuel ernstlich, dass, wenn er dazu bestimmt war, der irdische Vertreter des wahren, himmlischen Königs über Israel zu sein, er Gottes Wege kennen, seinen Willen tun und seine Gerichte ausführen müsse. Das Allererste, das Gott dem König Saul zu sagen hatte, war Folgendes: »So spricht der Herr, der Allmächtige: ›Ich habe nicht vergessen, was die Amalekiter Israel angetan haben: Sie haben Israel im Weg gestanden, als es aus Ägypten kam. Geh, besiege und vernichte sie – Männer, Frauen, Kinder, Säuglinge, Rinder, Schafe, Kamele und Esel, verschone nichts‹« (1. Samuel 15,2-3). Gott war im Krieg gegen Amalek von Generation zu Generation. Es war nichts Gutes an Amalek! Es gab absolut nichts an Amalek, was von irgendeinem Nutzen sein konnte! In Amalek war nichts, was Gottes Wohlgefallen finden konnte. Das war Gottes Urteil, Gottes Wille und Gottes Gericht über Amalek.

Aber Saul hatte vergessen, sich zu erinnern!

Obwohl er die Amalekiter schlug, nahm Saul »… Agag, den König der Amalekiter, gefangen«. Das ganze Volk tötete er mit der Schärfe des Schwertes. »Saul und seine Männer verschonten das Leben von Agag und behielten die besten Schafe und Rinder, die fetten Kälber und Lämmer ein – überhaupt alles, was ihnen wertvoll erschien« (1. Samuel 15,8-9). Sie verschonten alles, was in ihren Augen gut schien, obwohl Gott das Ganze als schlecht verdammt hatte. »Sie töteten nur, was nutzlos oder von minderer

Qualität war.« Saul maßt sich an, etwas Gutes in dem zu finden, was Gott verdammt hatte. Das war Sauls Sünde. Er verschonte *das Beste* von dem, was Gott hasste!

Das ist die heimtückische Versuchung, die auch dir begegnen wird. Der Teufel wird dir wieder und wieder ins Ohr flüstern, dass du nicht böse bist, wie die Bibel es sagt; es gibt doch etwas Gutes in dir ohne Christus. Es lässt sich immer noch etwas Gutes in der menschlichen Natur finden, gleichgültig, wie böse ein Mensch erscheint. Es schien Saul und seinen Leuten, als übertreibe Gott die Dinge. Sein Gericht über Amalek schien in seiner Schärfe unbegründet, eine fanatische Übertreibung der Wirklichkeit. In Verachtung des Wortes Gottes, der Weisung Gottes und des Willens Gottes versuchten sie, zwischen »Gut und Böse« in dem zu unterscheiden, was Gott total verworfen hatte.

Es ist verhältnismäßig leicht, das zu bereuen, was man getan hat, und das Übel begangener Sünden zu erkennen. Wir sind aber von Natur aus wenig geneigt, die natürliche Verderbtheit dessen anzuerkennen, was wir sind, und unseren völligen geistlichen Bankrott ohne Gott. Wir verfallen wieder und wieder dem Irrtum, uns zu beurteilen, ohne uns über den letzten Ursprung der Gerechtigkeit und der Sündhaftigkeit klar zu werden.

Ich möchte dich noch einmal daran erinnern, dass nichts gut oder böse ist aufgrund dessen, was es in sich selbst zu sein scheint. Es ist gut oder böse nur aufgrund seines Ursprungs, der Wurzel, aus der es erwächst. Darum kann man so leicht betrogen werden und sich beeindrucken lassen von Pseudo-Gerechtigkeit und scheinbarer Tugend, die aus dem Eigenleben mit seinem verderbten Hang kommt, Gutes vorzutäuschen.

Der Schreiber des Hebräerbriefes beklagt sich über die hebräischen Gläubigen mit folgenden Worten:

> Es gibt noch so vieles, das wir darüber gern sagen würden, aber ihr seid so schlechte Zuhörer geworden, sodass man auch dies alles nur schwer verständlich machen kann. Ihr seid nun schon so lange Christen und solltet eigentlich andere lehren. Stattdessen braucht ihr jemanden, der euch noch einmal die Grundlagen von Gottes Wort beibringt. Ihr seid wie Säuglinge, die nur Milch trinken, aber keine feste Nahrung essen können. Ein Mensch aber, der sich von Milch ernährt, ist im Leben noch nicht sehr weit fortgeschritten und versteht nicht viel davon, was es heißt, das Richtige nach Gottes Wort zu tun.
> *Hebräer 5,11-13*

Die hebräischen Gläubigen hatten die ersten Grundsätze vergessen; sie waren träge und stumpf in ihrem geistlichen Verständnis und in der Lehre der Gerechtigkeit unerfahren. Woran erkennt man nun ihre geistliche Unreife, die sie nicht aus dem Stadium geistlicher Flaschenkinder herauskommen ließ? Das sah man daran, dass Milch für Säuglinge ist und dass starke Speise denen gehört, »die erwachsen und reif sind, die aufgrund ihrer Erfahrung gelernt haben, zwischen Gut und Böse zu unterscheiden« (Hebräer 5,14).

Natürlich konnten sie unterscheiden, was augenscheinlich gut oder böse war, auch das kleinste Kind kann das. Aber durch ihre Unwissenheit in Bezug auf die grundsätzliche Natur der Sünde (nämlich jede Haltung oder Handlung, die ihren Ursprung irgendwo anders hat als in Gott, egal wie fromm oder wie ernst sie sein mag) waren sie nicht fähig, zwischen dem wahrhaftig Guten, das aus Gott kommt, und dem »Bösen in dem sogenannten Guten«, das seinen Ursprung in Satan hat, zu unterscheiden.

> Doch das überrascht mich nicht! Selbst der Satan gibt sich als Engel des Lichts aus. Und so ist es nicht erstaunlich, wenn seine Diener es ihm nachmachen und sich als Diener Gottes tarnen. Am Ende werden sie für alle ihre bösen Taten die verdiente Strafe erhalten.
> *2. Korinther 11,14-15*

Mit anderen Worten heißt das: Die Tatsache, dass du ein Prediger oder ein Missionar bist, die Tatsache, dass du ein christlicher Mitarbeiter oder ein bekennender Christ bist, macht dich nicht geistlich. Sie macht auch dein Handeln nicht gerecht, egal wie tief deine Hingabe sein mag oder das Opfer, das in deinem Dienst eingeschlossen ist.

Was Gott anbetrifft, so ist Christus der Prediger, so ist Christus der Missionar, Christus der christliche Mitarbeiter und Christus der bekennende Christ. Nur was er ist und was er tut, ist Gerechtigkeit. Und was er ist und was er tut, wird nur dann durch dich zum Ausdruck kommen, wenn du unbeirrbar deine Haltung der völligen Abhängigkeit von ihm beibehältst. Das ist Glaube – »und was nicht im Glauben geschieht, ist Sünde« (Römer 14,23).

Es ist erschreckend, wenn man feststellt, dass du mit Gottes Wort in deiner Hand vor der Gemeinde stehen und eine durchaus biblische Botschaft bringen kannst; doch wenn es nicht aus einer Haltung völliger Abhängigkeit Christus gegenüber geschieht, dann ist dein Predigen Sünde.

Das ist nicht mehr Milch für Säuglinge, sondern kräftige Speise für die Starken, die »erwachsen sind«, aber diese Dinge sind »schwer verständlich zu machen« (Hebräer 5,11). Wir haben uns an den vollendeten Mechanismus der Kirche gewöhnt, eines organisierten Unternehmens, in dem fleischliche Tätigkeit von den Christen nicht nur geduldet, sondern gefördert wird. Und in oft tiefer Aufrichtigkeit und falschem Verständnis von Hingabe haben wir die

Anfangsgründe des Wortes Gottes übersehen. Wir verstehen »nicht viel davon, was es heißt, das Richtige nach Gottes Wort zu tun« (Hebräer 5,13). Das Fleisch hat es nicht gern, dass seine Scheingerechtigkeit offenbar wird, und es ist verletzt, empört und widerspenstig und wird sich selbst zu rechtfertigen suchen.

> Da sprach der Herr zu Samuel: »Ich bereue, dass ich Saul zum König gemacht habe, denn er ist mir nicht treu gewesen und hat mir wieder nicht gehorcht.« Darüber war Samuel so tief erschüttert, dass er die ganze Nacht zum Herrn schrie ... Als Samuel ihn schließlich fand, begrüßte Saul ihn. »Der Herr segne dich«, sagte er. »Ich habe den Befehl des Herrn ausgeführt!« »Woher kommt dann das Blöken der Schafe und das Gebrüll der Rinder, das ich höre?«, wollte Samuel wissen. »Meine Männer haben sie von den Amalekitern mitgebracht. Sie haben die besten Schafe und Rinder verschont«, gab Saul zu. »Aber sie wollen sie dem Herrn, deinem Gott, als Opfer darbringen. Alles andere haben wir vernichtet.«
> *1. Samuel 15,10.11.13-15*

Das Blöken der Schafe und Brüllen der Rinder diente wenig dazu, Sauls Behauptung, den Befehl Gottes ausgeführt zu haben, zu bestätigen. Aber ganz im Einklang mit allem, was der Mensch tut, »der vergessen hat, sich zu erinnern«, sah Saul hierin keinen Widerspruch. Tatsächlich machte er mit gekränkter Unschuld geltend, dass er nicht nur den Befehl Gottes ausgeführt habe, sondern dabei sogar weise Voraussicht habe walten lassen. Es war doch nur vernünftig, logisch, weitsichtig gedacht, wenn die Leute die besten Schafe, die besten Rinder und die besten Lämmer verschonten. Es war doch auch alles nur getan worden, um sie dem Herrn zu opfern!

Saul sagte praktisch: »Missverstehe mich nicht. Werde nicht ungerecht und beurteile unsere Motive nicht falsch. Das Gute, was wir in Amalek gefunden haben, wollen wir natürlich Gott weihen!« Es ist ein Streich satanischer Klugheit, eine seiner ältesten Listen, mit der er dich verführt, Gutes in dem Fleisch zu finden, das Gott verdammt hat, und es mit frommer Geste Gott zu weihen. Das ist der Fluch des Christentums! Das lähmt die echte Aktivität der Kirche Jesu Christi auf Erden. In Missachtung des Wortes Gottes, der Weisung Gottes, des Willens Gottes und des Urteils Gottes sind die Menschen überall nur zu bereit, Gott zu weihen, was Gott verdammt hat, nämlich Kraftaufwand des Fleisches. Das Kirchenleben ist heutzutage nur allzu sehr gebrandmarkt von dem Blöken der Schafe in den Bänken und dem Brüllen der Ochsen auf den Kanzeln!

Ganz gleichgültig, wie viel es dich gekostet haben mag, wie viel Opfer es für dich einschließt oder wie groß deine Begeisterung, dein Eifer und deine Ernsthaftigkeit sind: Das Beste, das du aus Amalek retten willst, ist ein Opfer, das nicht mit Salz gesalzen ist, und es wird von Gott verworfen werden, wie Saul selbst verworfen wurde.

> Da sagte Samuel zu Saul: »Hör auf damit! Vernimm, was der Herr mir letzte Nacht gesagt hat! … Ihm zu gehorchen ist sehr viel besser, als ein Opfer darzubringen, auf ihn zu hören ist besser als das Fett von Widdern. Auflehnung ist so schlimm wie die Sünde der Zauberei und Eigensinn so schlimm wie Götzendienst. Weil du dich vom Wort des Herrn abgewandt hast, hat er sich nun auch von dir abgewandt; du wirst nicht länger König sein!«
> *1. Samuel 15,16.22.23*

Gott verwarf Saul, weil er vergessen hatte, sich zu erinnern!

Statt des gewinnenden, demütigen, liebenswürdigen, umsichtigen jungen Mannes, den wir zuerst kennenlernten, wurde er ein bitterer, mordgieriger, boshafter alter Mann, der nur auf sein vertanes Leben zurückschauen konnte und sagen musste: »Ich habe gesündigt … Ich war ein Narr und habe großes Unrecht begangen« (1. Samuel 26,21). Er maßte sich an, Gutes in dem zu finden, was Gott verdammt hatte, und Gott verwarf ihn!

Nach dem Tod von Samuel suchte Saul in seiner Seelennot Hilfe bei einer Wahrsagerin, die den Geist Samuels beschwört.

> »Warum hast du mich gestört und mich zurückrufen lassen?«, fragte Samuel. »Weil ich in großer Not bin«, antwortete Saul. »Die Philister führen Krieg gegen mich, und Gott hat mich verlassen und antwortet mir weder durch die Propheten noch durch Träume. Deshalb habe ich dich rufen lassen, damit du mir sagst, was ich tun soll.« Aber Samuel antwortete: »Warum fragst du mich, wenn der Herr dich verlassen hat und dein Feind geworden ist? Du hast der Stimme des Herrn nicht gehorcht, als er dich anwies, seinen Zorn an den Amalekitern zu vollstrecken.«
> *1. Samuel 28,15.16.18*

Gott hatte gesagt: »Denke an Amalek!« Und Saul hatte vergessen, sich zu erinnern. Saul hatte Gottes Urteil über Amalek verachtet und nun musste er auf dem harten und bitteren Weg lernen, dass Gottes Urteil richtig war. Bist du auch barmherzig mit Amalek – Amalek wird nie mit dir barmherzig sein.

Hier findest du den Schlüssel zum Buch Esther, denn Haman, ein Feind der Juden, der einen mörderischen Plan zu ihrer totalen Vernichtung ausbrütete, war ein Agagiter, ein Nachfahre Agags, des Königs der Amalekiter (Ester 3,1). Saul versuchte Selbstmord zu begehen, aber ohne Erfolg. Wie er nun starb, wird uns im ersten Kapitel des zweiten Buches Samuel beschrieben. »Am dritten Tag traf ein Mann aus Sauls Heer ein … ›Woher kommst du? … Was ist geschehen?‹, wollte David wissen. ›Berichte mir!‹ … ›Unser gesamtes Heer ist geflohen. Viele Männer sind tot oder verwundet und auch Saul und sein Sohn Jonatan wurden getötet‹« (2. Samuel 1,2-4).

Doch David forschte nach dem Grund, dass dieser junge Mann sich der Tatsache so gewiss war, und der junge Mann antwortete: »Ich war zufällig auf dem Gebirge Gilboa. Ich sah, wie Saul sich auf seinen Speer lehnte und wie er von feindlichen Streitwagen schon fast eingeholt war. Als er sich umwandte und mich sah, rief er mich zu sich. ›Hier bin ich‹, sagte ich. Und er sagte zu mir: ›Wer bist du?‹ Ich antwortete: ›Ich bin ein Amalekiter‹« (2. Samuel 1,6-8).

O ja, immer wenn du am Ende bist, wird immer noch ein Amalekiter in der Nähe sein, und in der Stunde deiner größten Versuchung und Verzweiflung, »schwach und müde«, wirst du immer noch sein teuflisches Geflüster in deinem Ohr hören: »Ich bin ein Amalekiter. Ich bin immer da, wenn du mich brauchst. Es ist meine Sache, einen Mann zu zerschlagen, wenn er am Boden liegt, mein Werk, ihn zu vernichten! Ich bin ein Amalekiter, und das ist mein Geschäft!«

Der Amalekiter erzählte David weiter: »Da bat er mich: ›Komm herüber zu mir und töte mich … Da ging ich zu ihm und tötete ihn … Dann nahm ich seine Krone …‹« (2. Samuel 1,9.10). Er tötete ihn und nahm ihm die Krone.

Deine Kompromisse mit Amalek sind dein Risiko. In deinem Fleisch wohnt *nichts Gutes*. Verschone es, wenn du willst, aber es wird dich nie verschonen. Maße dir an, etwas Gutes in dem zu finden, was Gott vollkommen verdammt hat, und der Tag wird kommen, dass es dich vernichten und dir deine Krone rauben wird. Gott sagt, dass sich kein Fleisch vor ihm rühmen wird. Es kann nur eines: dein Leben und deinen Leib zum Spielzeug des Satans zu machen, sodass er allem innewohnt, was du sagst und tust, indem er Christus seiner rechtmäßigen Herrschaft in deinem menschlichen Leben beraubt, Christus, dessen Leben allein Wahrheit ist und die einzige Quelle wirklicher Gerechtigkeit ist.

Bietest du Gott immer noch *das Beste* von dem, was er *verdammt* hat?

Elf Tagereisen vom verheißenen Land entfernt kam Amalek; und vierzig Jahre wanderten sie in der Wüste, betrübten Gott durch ihre selbst erwählte Armut und beraubten sich all des Segens, für den sie erlöst worden waren.

Lass dich nicht von Amalek betrügen! Leiste ihm Widerstand mit dem emporgehaltenen Stab Gottes und nimm den Sieg in Anspruch, der bereits errungen wurde. Bahne dir im Glauben deinen Weg durch seine Reihen, denn das ist unser Sieg – unser Glaube! Geh *voran* und geh *hinein*, und danke Jesus Christus für sein Leben, wie du schon gelernt hast, ihm für seinen Tod zu danken. Lerne ihm danken für alles, was er ist, wie du schon gelernt hast, ihm zu danken für alles, was er getan hat. Christus ist dein Sieg!

> Ja, ich komme bald! Halte an dem fest, was du hast, damit dir niemand deinen Siegeskranz nimmt!
> *Offenbarung 3,11*

10

Der Mann, der zu jung starb

Das 5. Buch Mose ist in mancher Hinsicht eines der traurigsten Bücher der Bibel. Es ist der letzte Wille und das Vermächtnis eines enttäuschten Mannes. Es ist der Bericht von all dem, was Mose den Kindern Israel am ersten Tage des elften Monats im vierzigsten Jahr ihrer Wanderschaft durch die Wüste zu sagen hatte.

»Das vorliegende Buch enthält die Reden, die Mose vor allen Israeliten in der Wüste östlich des Jordans hielt« (5. Mose 1,1) – auf der falschen Seite des Jordans und nur gerade eben am rechten Ufer des Schilfmeeres –, und das, vierzig Jahre nachdem Mose sein Volk aus Ägypten geführt hatte.

Die Bibel sagt von denen, die in der Wüste starben: »Wir sehen, dass sie nicht hineinkommen konnten wegen des Unglaubens« (Hebräer 3,19; LUT). Ein sehr ernüchternder Gedanke, dass Mose unter denen war, die in der Wüste starben; einer in der Zahl der »ungläubigen Gläubigen«, die genug Glauben hatten, aus Ägypten hinauszugehen, aber nicht genug Glauben hatten, nach Kanaan hineinzugelangen.

Mose war ein geistlicher Riese. »Nie wieder gab es einen Propheten wie Mose in Israel, dem der Herr persönlich begegnete« (5. Mose 34,10). Er hatte nicht seinesgleichen, was die moralische

Lauterkeit, das selbstlose Pflichtbewusstsein und seine unermüdliche Fürsorge für die Menschen betraf, denen er in seiner aufopfernden Liebe und demütigen Hingabe an Gott diente. Man möchte meinen, dass, wenn je ein Mensch es verdient hätte, in das Gelobte Land zu kommen, es Mose gewesen wäre. Aber er starb in der Wüste! »Mose starb im Alter von 120 Jahren, aber seine Augen waren nicht schwach geworden und er war noch rüstig« (5. Mose 34,7).

Sein Tod hatte keine physische Ursache. Mose starb zu jung und er fand sein Grab am verkehrten Ort. »Mose, der Diener des Herrn, starb dort in Moab, wie der Herr es angekündigt hatte. Der Herr begrub ihn in einem Tal bei Bet-Peor in Moab. Der genaue Ort seiner Grabstätte ist jedoch bis heute nicht bekannt« (5. Mose 34,5-6).

Die Lektion, die Gott uns hier lehren will, scheint von so großer und umfassender Bedeutung, dass er absichtlich einen seiner auserlesensten Knechte wählte, damit sich keiner vor ihm entschuldigen kann. Gott liebte Mose und ich bin fest davon überzeugt, er wird zu der Aristokratie in der großen Zahl der Erlösten im Himmel zählen; und dennoch zeigt gerade die Härte, mit der Gott ihn strafte, welches Gewicht Gott auf das Prinzip legt, das Mose verletzte.

Seine charakterlichen Qualitäten, zusammen mit seiner Größe als Führer, Prediger, Gesetzgeber, Feldherr und Richter, und seine ungeheuren geistigen Gaben machten aus ihm einen Mann, den man bewundern und ehren muss. Er war überragend in allem, was wir uns wünschen und erstreben – und trotzdem starb er als enttäuschter Mann. Er betrat niemals das verheißene Land. Er war seines Amtes und der Menschen, denen er diente, überdrüssig, und sie waren seiner in gleicher Weise überdrüssig.

Vielleicht kannst du dich daran erinnern, wie Mose am Anfang des Auszugs auf Befehl Gottes den Felsen am Horeb schlug und wie daraus für die Kinder Israel Wasser floss, in der trostlosen Einöde der Wüste Sin, östlich des Golfes von Suez. Achtunddreißig Jahre später kamen die Kinder Israel in die Wüste Zin, westlich des Salzmeeres, und fanden dort kein Wasser. In achtunddreißig Jahren hatte Mose das Volk lediglich von einem geografischen Punkt in der Wüste zu einem anderen geführt, von der Wüste Sin zur Wüste Zin.

Es spielt keine Rolle, wie begabt oder begeistert du bist, wie gut du reden kannst oder was für eine dynamische Persönlichkeit du bist. Es ist ganz gleichgültig, welche gesellschaftliche Stellung oder welches öffentliche Ansehen du genießt; alles, was du jemals in deinem eigenen und im Leben anderer in der Wüste vollbringen wirst, besteht darin, dass du von einem Punkt zu einem anderen in derselben Wüste ziehst.

Viele geben sich der Vorstellung hin, dass die Heilung ihrer geistlichen Unfähigkeit in einer Änderung ihrer geografischen Lage zu finden wäre; vielleicht in der Übernahme einer neuen Pfarrstelle, im Wechsel des Berufes oder in einem neuen Arbeitsfeld. Aber wenn du in der Wüste lebst, wirst du dort genauso nutzlos bleiben, wie du hier warst.

Die Israeliten »machten Mose Vorwürfe: ›Wären wir doch nur zusammen mit unseren Landsleuten gestorben, als der Herr sie umkommen ließ! Hast du uns, das Volk des Herrn, in diese Wüste geführt, damit wir hier mit unserem Vieh sterben? Warum hast du uns aus Ägypten geführt und an diesen schrecklichen Ort gebracht? Hier gibt es weder Getreide noch Feigen, Trauben, Granatäpfel oder Trinkwasser‹« (4. Mose 20,3-5).

Nach nahezu vierzig Jahren unter der Predigt Moses war alles, was sie über den Ort, an den er sie gebracht hatte, sagen konnten, dass es ein übler Ort war – an dem »es weder Getreide noch Feigen, Trauben, Granatäpfel« gab –, ein Ort, der genauso trocken und dürr war wie der Ausgangspunkt ihrer Reise.

Ist das normales Christenleben? Sollte das alles sein, was man vom Christsein erwarten kann?

Möchtest du als Pfarrer, Prediger, Missionar und Sonntagsschullehrer nach 38 Jahren von deinen Schutzbefohlenen hören, dass der Platz, an den du sie geführt hast, ein übler Platz ist und dass er nicht im Geringsten dem entspricht, was du glaubhaft hast machen wollen?

Die Kinder Israel kannten alle Geschichten über Kanaan auswendig; Mose hatte darüber *gepredigt*, bis sie es nicht mehr hören konnten – nur eines war unterblieben, er hatte sie nicht *dorthin geführt*. Es ist mühselig, in der Wüste über Kanaan zu predigen, ohne das Land je zu erleben. Es ist Theorie ohne Praxis, Idee ohne Wirklichkeit! Und »der Herr sprach zu Mose: ›Nimm den Stab und ruf gemeinsam mit deinem Bruder Aaron die ganze Gemeinschaft zusammen. Redet dann vor den Augen der Israeliten mit dem Felsen dort, dann wird Wasser aus ihm fließen. Du wirst Wasser aus dem Felsen quellen lassen und allen Menschen und ihrem Vieh Trinkwasser geben‹« (4. Mose 20,7-8).

Was sollte Mose damals am Horeb in der Wüste Sin tun? Den Felsen schlagen – ein Bild des Gekreuzigten.

Was hatte er jetzt zu tun? Ihm wurde geboten, zu dem Felsen zu *reden* – ein Bild des auferstandenen und erhöhten Herrn Jesus Christus, der »brachte sich selbst Gott als ein Sündopfer dar, das für alle Zeit wirksam ist. Dann setzte er sich auf den höchsten Ehrenplatz an Gottes rechter Seite« (Hebräer 10,12). Sein Leib wird nie wieder gebrochen und sein Blut nie wieder vergossen werden müssen.

»Redet… mit dem Felsen dort, dann wird Wasser aus ihm fließen. Du wirst Wasser aus dem Felsen quellen lassen« (4. Mose 20,8). Gottes Anweisungen waren klar und deutlich. Der Felsen sollte nicht wieder geschlagen werden; denn »durch dieses eine Opfer hat er alle, die er heiligt, für immer vollkommen gemacht« (Hebräer 10,14). Wir dürfen den Lebendigen nicht bei den Toten suchen, denn er ist auferstanden und erhöht in Herrlichkeit! Gott sagt: »Redet mit dem Felsen!«

Mose aber sprach zu seiner Gemeinde: »Hört zu, ihr eigensinnigen Menschen!« Möchtest du so reden zu deiner Gemeinde nach fast vierzig Jahren des Dienstes in ihrer Mitte? »Hört zu, ihr eigensinnigen Menschen!«, rief Mose. »Was meint ihr? Werden wir euch Wasser aus diesem Felsen quellen lassen?« (4. Mose 20,10).

Gott hatte zu Mose mit keinem Wort davon gesprochen, Wasser aus dem Felsen zu *holen*. Gott hatte geboten, zu dem Felsen zu reden, und er würde alles Wasser *geben*, das sie brauchten. Jesus Christus spricht:

> Wer an mich glaubt, aus dessen Innerem werden Ströme lebendigen Wassers fließen, wie es in der Schrift heißt. Mit dem »lebendigen Wasser« meinte er den Geist, der jedem zuteilwerden sollte, der an ihn glaubte. Aber der Geist war noch nicht gekommen, weil Jesus noch nicht verherrlicht worden war.
> *Johannes 7,38-39*

Bist du erst mit Gott versöhnt durch den *Tod von Jesus Christus* – den geschlagenen Felsen –, so wird die tägliche Erfahrung der Erlösung durch das *Leben von Jesus Christus* – dem lebendigen Felsen – verwirklicht werden.

Das Christenleben ist das Leben, das der Herr Jesus Christus vor zweitausend Jahren auf Erden lebte, jetzt in dir von ihm gelebt! Alle Dinge, die zum göttlichen Leben und Wandel gehören, sind dir in ihm, durch den du der göttlichen Natur teilhaftig geworden bist, gegeben (2. Petrus 1,3-4).

»Und Mose holte aus und schlug zweimal mit dem Stab auf den Felsen« (4. Mose 20,11) – den Felsen, der nur einmal hatte geschlagen werden sollen: damals in der Wüste Sin. Für ihn blieb Christus am Kreuz! Bildlich gesprochen war er ein Mann mit einer unvollständigen Botschaft. Er verkündigte den gekreuzigten Christus, aber nicht den auferstandenen Herrn. Und ein Mensch mit einer halben Botschaft wird nur halbe Arbeit leisten. Er führte sie heraus, aber nicht hinein.

Mose bewegte sein Volk durch seine Predigt wieder und wieder zu Tränen der Buße, aber er brachte sie nicht in das Gelobte Land. Er warb um sie und bedrohte sie, strafte und tröstete sie, und mit unermüdlicher Treue stand er für sie ein vor Gott, aber sie wurden wieder und wieder rückfällig. Er brachte sie nicht hinein!

Das soll eine sehr ernste Mahnung für jeden von uns sein, denn auch wir werden nur halbe Arbeit leisten, wenn wir nur eine halbe Botschaft verkündigen. Auch wir werden einen Kindergarten mit geistlichen Säuglingen zu betreuen haben, und gleich Mose wird es unser trauriges Los sein, ihre Milchflaschen zu füllen und sie im Kinderwagen mit auf die Wüstenwanderung zu nehmen. Es mag uns gelingen, sie herauszubringen, aber wir werden sie niemals hineinbringen.

»Der Herr aber sagte zu Mose und Aaron: ›Weil ihr mir nicht vertraut und den Israeliten nicht meine Heiligkeit deutlich gemacht habt, sollt ihr mein Volk nicht in das Land führen, das ich ihnen geben werde‹« (4. Mose 20,12). »Weil ihr mir nicht vertraut habt« – ein ungläubiger Gläubiger. Das war die Sünde Moses, des Mannes, der zu jung starb und am verkehrten Ort begraben wurde.

Es ist schmerzlich, die Härte des Gerichtes Gottes über diesen gewaltigen Kämpfer zu bezeugen, aber er verletzte den ersten Grundsatz eines siegreichen Glaubenslebens: *Christus in dir*, der Lebendige, die Hoffnung der Herrlichkeit! Er ging nie über den gekreuzigten Jesus hinaus. Im Bilde des Alten Testaments war seine Botschaft nie mehr als: »Komm zu Jesus und empfange Vergebung deiner Sünden!« Es war die Botschaft: »Eines Tages der Himmel, aber heute die Wüste!« Er ließ Christus am Kreuz! Er kannte die Dynamik des Lebens von Jesus Christus nicht. Er kannte Christus als des Todes Tod, aber nicht als des Lebens Leben!

Es ist unsere heilige Verantwortung, Jesus Christus nicht nur als historisch Gestorbenen zu verkündigen, der Sünder durch sein stellvertretendes Opfer erlöst. Er ist gegenwärtige Erfahrung, lebendiger Fels und Quell des »reinen Flusses mit dem Wasser des Lebens, so klar wie Kristall, der vom Thron Gottes und des Lammes entspringt« (Offenbarung 22,1).

Ich bin den Menschen, die mir den Weg zu Jesus Christus als meinem Heiland gewiesen haben, zutiefst dankbar; aber das eine konnten sie mir nicht so recht begreiflich machen, wahrscheinlich, weil es ihnen selbst nicht ganz klar war: dass nämlich der Christus, der für mich gestorben ist, auch auferstanden ist, um in mir zu leben. Ich kannte Christus nur als den *Weg* und es dauerte sieben mühselige und armselige Jahre, bis ich endlich erfasste, dass er auch mein *Leben* ist.

Mit neunzehn Jahren wusste ich, obwohl ich damals an der Londoner Universität Medizin studierte, um als Missionsarzt nach Afrika zu gehen, dass mein Leben als Christ völlig fruchtlos und ohne jede Wirkung war. Ich wusste von keinem einzigen Menschen, den ich zu Christus geführt hätte. Ich war übereifrig in allerlei christlichem Dienst, ahnte aber, dass ich, wenn ich je nach Afrika kommen sollte, dort genauso nutzlos sein würde wie hier.

In meiner tiefsten inneren Not, als ich an meinem christlichen Leben verzweifeln wollte, machte ich eine überraschende Entdeckung. Sieben Jahre lang war ich an dem eigentlichen Sinn und Zweck meiner Erlösung vorbeigegangen. Christus war ja nicht nur gestorben, um mich der Hölle zu entreißen und einmal in den

Himmel aufzunehmen, sondern damit ich jetzt und hier verfügbar sein kann für ihn, damit er sein Leben durch mich leben kann.

Ich hatte in all diesen Jahren nur im Schatten des geschlagenen Felsens am Horeb gestanden; aber jetzt, im hellen Tageslicht, trat ich im Glauben an den lebendigen Felsen heran, um mit ihm zu reden. Mein christliches Leben war wie verwandelt. Die verheißenen Ströme lebendigen Wassers fingen an zu fließen.

Gott gab mir nichts Neues, ich hatte nur entdeckt, was ich bereits besaß: Christus in all seiner Fülle in mir – »die Hoffnung der Herrlichkeit«!

Es ist eine traurige Tatsache, dass es nur allzu leicht möglich ist, sich an das Wüstenleben, besonders in der Gesellschaft anderer Wüstenchristen, zu gewöhnen. Fast mit Bestürzung lesen wir, dass Mose, der einst Josua befahl, auszuziehen, um gegen Amalek zu kämpfen, »von Kadesch aus … Boten zum König der Edomiter« sandte. »Deine Brüder, die Israeliten, lassen dir ausrichten …« (4. Mose 20,14).

Es scheint, als ob Mose nach achtunddreißig Jahren ein Auskommen mit Amalek gefunden hatte; aber es ist ein Grundsatz, dass es der lebendige, auferstandene Herr allein ist, der den Platz der alten Adamsnatur einnehmen muss. Wenn du ihn aber nur als gekreuzigten Heiland kennst, gleichgültig wie dankbar du ihm dafür bist, wie gern du ihm nachfolgen möchtest, du wirst den Weg der Galater gehen, die »im Geiste angefangen haben« und versuchten, im Fleische zu vollenden. Du wirst einen Weg der Einigung mit Amalek suchen müssen und ihn deinen Bruder nennen, weil du den nicht kennst, der seinen Platz einnehmen kann.

Obwohl Mose seine Haltung gegen Amalek geändert hatte, war Amalek unverändert. »Doch der König der Edomiter antwortete: ›Ihr dürft nicht durch mein Land ziehen, sonst ziehe ich euch mit meinem Heer entgegen‹« (4. Mose 20,18). Mit anderen Worten sagte Amalek: »Vor achtunddreißig Jahren habe ich mich dir entgegengestellt und ich denke heute genauso wie damals. Ich widerstehe dir immer noch. Du sollst nicht hindurchziehen!« Es war sein Ziel, Gottes Volk daran zu hindern, nach Kanaan zu gelangen. »Weil die Edomiter (Esau, Amalek) die Israeliten nicht durch ihr Land ziehen ließen, waren die Israeliten gezwungen, einen anderen Weg einzuschlagen« (4. Mose 20,21). Wo blieb der erhobene Stab? Wo der von Gott geschenkte Sieg? Gott hatte geboten, nordwärts zu ziehen, sie aber wandten sich nach Süden. Gott sagte: »Geht voran!« Sie aber gingen zurück.

> Schließlich kehrten wir wieder um und machten uns auf den Weg durch die Wüste zum Roten Meer, wie der Herr mir befohlen hatte. Lange Zeit wanderten wir um das Gebirge Seïr herum. Dann sprach der Herr zu mir: »Ihr seid nun lange genug um dieses Gebirge gezogen; geht nun nach Norden. Gib dem Volk folgenden Befehl: Ihr werdet jetzt durch das Gebiet eures Brudervolks, der Edomiter, ziehen, die Nachkommen Esaus sind. Sie leben in Seïr. Die Edomiter werden sich bedroht fühlen, deshalb sollt ihr sehr vorsichtig sein. Fangt keinen Krieg mit ihnen an, denn ich werde euch keinen Fußbreit von ihrem Land geben. Ich habe das ganze Bergland Seïr Esau zum Besitz gegeben.«
> *5. Mose 2,1-5*

Israel sollte im Lande der Edomiter keinen Besitz haben und sie sollten nichts mit ihnen zu tun haben. Sie sollten nordwärts ziehen, hinein in das Land, das Gott ihnen gegeben hatte, und ihre Feinde sollten sich vor ihnen fürchten. Aber schließlich waren es die Israeliten, die sich fürchteten! »Die Israeliten verließen Kadesch und zogen zum Berg Hor … Vom Berg Hor aus zogen die Israeliten weiter und schlugen den Weg zum Roten Meer ein, um Edom zu umgehen. Doch unterwegs wurden die Israeliten ungeduldig« (4. Mose 20,22; 21,4).

Als sie an diesem Punkt angelangt waren, gingen sie über den Bach Sered in Richtung des Moabiter- und Ammoniterlandes, an der falschen Seite des Jordan, der nun zwischen ihnen und dem verheißenen Land lag. »Seit unserem Aufbruch von Kadesch-Barnea *(von wo die zwölf Kundschafter ausgesandt wurden)* bis zu diesem Tag, als wir den Bach Sered überquerten, waren 38 Jahre vergangen« (5. Mose 2,14). Von Anfang bis Ende durchkreuzte Amalek ihre Pläne, indem er Israel den Weg durch sein Land verweigerte.

Nimm einmal an, Israel hätte mit erhobenem Stab Gottes Wort in Kadesch-Barnea gehorcht, als es nur durch den schmalen Streifen des Edomiterlandes von Kanaan getrennt war. Nimm nur einmal an, sie hätten auf die zwei und nicht auf die zehn Kundschafter gehört und wären weiter in das Land hineingegangen – es hätte dann keines Durchgangs durch den Jordan bedurft.

Zwischen Kadesch-Barnea und Kanaan floss kein Jordan. Der Jordan lag im Osten und musste nur darum durchschritten werden, weil sie, anstatt *durch* das Land der Edomiter zu gehen, *um* ihr Land herumzogen.

In vierzig Jahren des Kompromisses, des Unglaubens und Ungehorsams hatten die Kinder Israel vergessen, was Gott sie durch ihre wunderbare Befreiung aus Ägypten hatte lehren wollen, als er sie im Glauben durch das Meer des Todes führte und zu einem neuen Leben erweckte. Jetzt mussten sie die Lektion noch einmal am Jordan lernen.

Wie wahr ist doch die Erfahrung im Leben vieler Christen! Wenn wir doch nur gleich am Anfang die tiefere Bedeutung des Kreuzes erkennen würden, dass Christus nicht für uns starb, sondern dass wir mit ihm gestorben sind; dass er auferstanden ist, um in der Kraft des Heiligen Geistes in uns zu wohnen, und dass wir jetzt des Lebens von Jesus Christus teilhaftig sein sollen, wie sie damals des Landes teilhaftig sein sollten (Hebräer 3,14)! Dann würden wir schnell aus unserem Ägypten herausgelangen und ebenso schnell in das Land der Verheißung hineinkommen und sofort anfangen, das Land zu erfahren, zu erforschen und zu genießen. Es würde nicht nötig sein, die echte Bedeutung des Kreuzes durch einen zweiten Versuch begreifen zu lernen.

Es dauert leider oft Monate und Jahre und manchmal ein ganzes Leben, ehe ein Christ dahin kommt, dass er am Jordan begreift, was er am Schilfmeer hätte lernen sollen; so verstockt ist das menschliche Herz und so tief ist das Fleisch in unserer menschlichen Persönlichkeit verwurzelt. Manchmal sprechen die Menschen von einem »zweiten Segen«, einem besonderen Erlebnis der Heiligung, und ich weiß, was sie meinen. Ich möchte auch nicht mit ihnen argumentieren, aber eigentlich ist es kein zweiter Segen. Es ist eine Neuentdeckung des ersten Segens!

Wenn du Christus in der Kraft seiner Auferstehung kennenlernst, hast du nichts Neues von Gott empfangen. Du fängst lediglich an zu begreifen und es wird dir eine persönliche freudige Erfahrung, was du von Gott schon am Tage deiner Erlösung empfangen hast. Die Tragödie besteht darin, dass du zehn, zwanzig oder fünfzig und mehr Jahre in selbst erwählter und selbstauferlegter Armut – herausgekommen, aber nicht hineingelangt – leben kannst, obwohl du alles, was Gott in Christus geben kann, besitzt. Aus diesem Grund ist der Jordan leider oft so notwendig.

Der Jordan ist der Ort, wo Gott die Kinder Israel unter Josua wieder das lehrte, was sie unter Mose vergessen hatten: »Nachdem Mose, der Diener des Herrn, gestorben war, sprach der Herr mit

Josua. Dieser war ein Mitarbeiter von Mose und ein Sohn Nuns. ›Mein Diener Mose ist jetzt tot. Geh nun zusammen mit meinem Volk über den Jordan in das Land, das ich den Israeliten gebe‹« (Josua 1,1-2). Das Wörtchen »nun« steht hier in einer Weise, dass es eine Schlussfolgerung aus dem Vorhergesagten einleitet. Gott sagte zu Josua: »Mein Diener Mose ist jetzt tot. Geh nun …«, das heißt: »Weil Mose gestorben ist, *darum* mache dich nun auf!«

Kann es wirklich wahr sein, dass Mose das letzte Hindernis am Weitermarsch wurde? Dass der Mann, der die Kirche in der Wüste *baute*, sie auch in der Wüste *begrub*? Dass er der Anlass war, dass es keine Veränderung im geistlichen Klima geben konnte, bis er aus dem Wege war? Es scheint so, als ob das die unvermeidliche Schlussfolgerung ist, die wir hieraus ziehen müssen.

Du denkst vielleicht, ich wäre zu hart gegen Mose; es ist nicht richtig, ihm die Schuld zu geben. Du kannst zu seiner Verteidigung anführen, dass die Kinder Israel nicht hineingehen *wollten*. Dann muss ich dir aber folgende Frage stellen: *Wollten* sie eigentlich am Anfang *herausgehen*?

> Als die Israeliten den Pharao mit seinem Heer herankommen sahen, bekamen sie große Angst und schrien zum Herrn um Hilfe. Mose jedoch warfen sie vor: »Hast du uns etwa hierhergebracht, damit wir in der Wüste sterben? Gab es denn nicht genug Gräber für uns in Ägypten? Warum hast du uns das angetan und uns aus Ägypten geführt? Haben wir dir nicht schon in Ägypten gesagt: Lass uns in Ruhe, wir möchten den Ägyptern dienen? Wir hätten lieber weiter für die Ägypter arbeiten sollen, als hier in der Wüste zu sterben!«
> *2. Mose 14,10-12*

Der Bericht ist klar – sie wollten *nicht* heraus! Gegen ihre Proteste führte Mose sie aus Ägypten. Wenn sie ihren Willen bekommen hätten, wären sie dortgeblieben. »Lass uns in Ruhe«, sagten sie, »wir wollen den Ägyptern dienen«; aber irgendwie verstand es Mose, sie den Glauben zu lehren, der herausführt, obwohl er nicht wusste, wie er sie den Glauben lehren sollte, der hineinbringt.

»Doch Mose sagte zum Volk: ›Habt keine Angst! Wartet ab und seht, wie der Herr euch heute retten wird. Denn ihr werdet diese Ägypter dort nie wiedersehen. Der Herr selbst wird für euch kämpfen. Bleibt ganz ruhig!‹« Da »… achteten sie den Herrn und vertrauten ihm und seinem Diener Mose« (2. Mose 14,13; 14,31).

Warum konnte ein Mann, der ein unwilliges Volk herausführte, nicht ein unwilliges Volk hineinführen? Dies ist das Problem, dem so viele begegnen, die einen gewissen Erfolg in ihrer evangelistischen Tätigkeit aufweisen können, deren »geistliche Kinder« aber so wenig geistliches Format haben. Es fällt ihnen nicht so schwer, Menschen in die Stunde der Entscheidung hineinzuführen, aber sie sind verwundert, wenn sie die geistliche Armut vieler sehen, die durch sie zum Glauben gekommen sind.

Zur Lösung dieses Problems wurde dieses Buch geschrieben. Wenn ich scheinbar unehrerbietig mit Mose umgegangen bin, verzeih mir. Glaub mir, ich habe tiefste Bewunderung für diesen großen Mann Gottes, und den Beweis, wie hoch Gott ihn einschätzte, sehen wir darin, dass Mose unter denen war, die mit dem Herrn Jesus Christus auf dem Berg der Verklärung standen, als er endlich in das verheißene Land hineindurfte.

Ich glaube, Gott wählte absichtlich diesen Edlen, um uns an seinem Beispiel diese grundlegende Wahrheit zu lehren, damit niemand von uns eine Entschuldigung finden kann.

Ohne die Möglichkeit des leisesten Irrtums lässt Gott uns wissen, dass sein Sohn durch keine noch so überragende menschliche Befähigung ersetzt werden kann. Mose tat sein Bestes! Sein Allerbestes – aber das war sein Fehler. Denn Gott wartete darauf, *sein* Bestes zu vollbringen, das *zu geben*, was nur von dem auferstandenen, lebendigen Felsen gegeben werden kann.

Den Felsen, den Gott einmal schlägt, darf kein Mensch noch einmal schlagen – oder er stirbt zu jung! Wenn Gott sagt: »Rede!« – dann rede! Das Übrige wird Gott tun!

Dies ist der Wille Gottes, dass ihr an den glaubt, den er gesandt hat.
Johannes 6,29

Kommt, lasst uns dem Herrn zujubeln! Lasst uns den Fels unseres Heils preisen! Lasst uns mit Dank vor ihn hintreten! Lasst uns Loblieder auf ihn anstimmen. Denn der Herr ist ein großer Gott, der große König über alle Götter.
Psalm 95,1-3

11

Der Mann mit dem Schwert in der Hand

Das grundlegende Kennzeichen der Wahrheit ist ihre Beständigkeit. Angesichts aller bekannten und unbekannten Tatsachen muss die Wahrheit unverändert bleiben. Die Wahrheit ist endgültig und absolut. Umstände können sie nicht verändern. Wenn die Umstände deines Lebens dich zwingen, frühere Schlüsse neu zu durchdenken, und wenn deine Ehrlichkeit dich angesichts neuer Gesichtspunkte zwingt, deine Überzeugung zu ändern, dann heißt das nicht, dass die Wahrheit sich gewandelt hat. Es bedeutet nur ganz einfach, dass du die Wahrheit nicht vollkommen erkannt hast und dass Umstände und neue Gesichtspunkte dich zwingen, diese Tatsache anzuerkennen.

In seinem Gebet zum Vater für die, die an ihn glauben, sagte Jesus: »Reinige sie und heilige sie, indem du sie deine Worte der Wahrheit lehrst« (Johannes 17,17). Die Wahrheit ist keine Theorie. Sie ist das letzte und endgültige Prinzip des Lebens, und Heiligung bedeutet dieses Prinzip in Aktion – die Wahrheit in Aktion.

Die Vollkommenheit des Menschseins von Jesus bestand hierin: Er war *die Wahrheit in Person* und ihre endgültige Offenbarung.

Die Wahrheit, der im menschlichen Herzen Gehorsam geleistet wird, bringt den Gläubigen sofort in Einklang und Einheit mit Jesus

Christus. Er sagte: »Wer die Wahrheit liebt, wird erkennen, dass meine Worte wahr sind« (Johannes 18,37), und: »Wenn ihr euch nach meinen Worten richtet, seid ihr wirklich meine Jünger. Ihr werdet die Wahrheit erkennen, und die Wahrheit wird euch frei machen« (Johannes 8,31-32). Die geistliche Befreiung des Menschen findet statt, wenn er zur Wahrheit zurückkehrt, das heißt, wenn er zu den ersten Grundsätzen des Lebens zurückkehrt, die sich nie gewandelt haben und die sich nie wandeln werden.

Wir können an ihnen vorbeigehen, wir können von ihnen abweichen, wir können sie missverstehen oder falsch auslegen, aber das wird Gottes grundlegende Wahrheiten nicht ändern. Gott braucht keine neuen Methoden. Er bedient sich der Mittel, Methoden oder Maßnahmen, die ihm belieben. Das ist ganz nebensächlich. Alles, was zu Gottes letzter Zufriedenheit vollbracht wird und was Ewigkeitswert besitzt, ist immer die Folge einer Rückkehr zu grundlegenden Wahrheiten, zu den ersten Grundsätzen, gleichgültig welches die Mittel zum Zweck waren. Darum ist jede geistliche Erweckung, jede große gottgeschenkte Bewegung in der Geschichte der Kirche die Folge einer Rückkehr zu den Wahrheiten der Bibel gewesen, und umgekehrt war es unvermeidlich, dass jede echte geistliche Erweckung bibelgläubige Christen hervorbrachte. Das ist eine der wichtigsten Lehren, die wir aus dem Buch Josua lernen können. »Ich sage dir zu, was ich schon Mose versprochen habe: Wohin ihr auch geht, werdet ihr Land betreten, das ich euch geschenkt habe« (Josua 1,3).

Vierzig Jahre waren vergangen, seitdem Gott die Kinder Israel aus Ägypten errettet hatte, und Mose war gestorben. Aber Gott hatte seine Pläne nicht geändert. »Hat er je etwas gesagt und nicht getan?« (4. Mose 23,19). Das gleiche Prinzip, nach dem Gott sie aus Ägypten herausgeführt hat, sollte angewandt werden, um sie in das Gelobte Land hineinzubringen. Gott wartete nur auf einen Mann, der wieder zu diesem Prinzip zurückkehren würde. »Wie ich mit Mose gewesen bin *(in der Errettung aus Ägypten)*, werde ich mit dir sein *(um das Volk nach Kanaan hineinzubringen)* ... Habe ich dir nicht geboten ...« (Josua 3,7; 1,9; LUT). – Darum sollte Josua handeln, weil Gott es geboten hatte. Das ist das *Warum!* – »Sei stark und mutig! Hab keine Angst und verzweifle nicht. Denn ich, der Herr, dein Gott, bin bei dir, wohin du auch gehst« (Josua 1,9). – Das ist das *Wie!* Das ist das Warum und das Wie jedes geistlichen Wirkens, und das ist alles, was du zu wissen brauchst. Warum? Gott ist der Auftraggeber. Wie? Der Gott, der der Auftraggeber ist, ist bei mir.

Dieses Prinzip machte Jesus Christus in seinem eigenen Leben sichtbar: »Ich tue immer, was ihm *(dem Vater)* gefällt.« Mit anderen Worten, Jesus Christus konnte in allem, was er tat, sagen: »Er hat mich dazu beauftragt.« Und um dieser Tatsache willen konnte er auch sagen: »Der, der mich gesandt hat, ist mit mir – er hat mich nicht verlassen«, anders ausgedrückt: »Der mir den Auftrag gegeben hat, ist bei mir« (Johannes 8,29).

»Daraufhin befahl Josua den Anführern Israels: ›Geht durch das Lager und fordert die Leute auf, Proviant vorzubereiten, denn in drei Tagen werdet ihr den Jordan überqueren, um das Land, das der Herr, euer Gott, euch gibt, in Besitz zu nehmen‹« (Josua 1,10-11).

Hätte Mose diese Botschaft noch gehört und wäre Mose nicht Mose gewesen, hätte er mit all der Bitterkeit eines enttäuschten Herzens sagen können: »Will dieser aufgeblasene Emporkömmling in drei Tagen das zu vollbringen versuchen, was mir in vierzig Jahren nicht gelungen ist?« Die Antwort würde sehr einfach lauten. Josua wollte gar nichts *versuchen* – er war ganz einfach zu den ersten Grundsätzen des Lebens zurückgekehrt.

Mose war der Mann, der versuchte, und er gab ihnen das Gesetz! Josua war der Mann, der vertraute, und er gab ihnen das Land! Am Morgen des dritten Tages waren sie im Land!

Erinnert dich das an eine andere Geschichte? Was geschah am Morgen des dritten Tages? Jesus Christus wurde auferweckt von den Toten! In der Sprache des Neuen Testaments ist das das Land – Christus in der Kraft seiner Auferstehung zu kennen.

> Denn durch die Taufe sind wir mit Christus gestorben und begraben. Und genauso wie Christus durch die herrliche Macht des Vaters von den Toten auferstanden ist, so können auch wir jetzt ein neues Leben führen. Da wir in seinem Tod mit ihm verbunden sind, werden wir auch in der Auferstehung mit ihm verbunden sein *(durch ein neues Leben, das Gott gelebt wird).*
> *Römer 6,4-5*

> Da ihr mit Christus zu neuem Leben auferweckt wurdet, sucht Christus, der zur Rechten Gottes im Himmel sitzt. Denn ihr seid gestorben, als Christus starb, und euer wahres Leben ist mit Christus in Gott verborgen.
> *Kolosser 3,1.3*

> Mein Wunsch ist es, Christus zu erkennen und die mächtige Kraft, die ihn von den Toten auferweckte, … damit auch ich eines Tages von den Toten auferweckt werde!
> *Philipper 3,10.11*

Wie wir wieder und wieder gesehen haben, ist das Land Kanaan nichts weniger als die Erfahrung des Auferstehungslebens von Christus im Leben des Gläubigen hier auf Erden. Indem er sich daran erinnerte, dass zehn der zwölf von Mose ausgesandten Kundschafter Versager waren, die nur dazu dienten, das Herz des Volkes verzagt zu machen, änderte Josua seine Taktik und sandte heimlich nur zwei Männer aus: »Erkundet das Land, vor allem die Gegend um Jericho« (Josua 2,1).

Der König von Jericho, dessen Geheimdienst von ausgezeichneter Zuverlässigkeit gewesen sein muss, hörte von der Sache, und hätte nicht die Hure Rahab rechtzeitig eingegriffen, die Kundschafter hätten ein vorzeitiges Ende gefunden. Sie versteckte die beiden auf dem Dach unter Flachsstängeln und schickte die Verfolger auf eine falsche Fährte. Diese Frau verhalf den Kundschaftern zu einer erstaunlichen Entdeckung. Sie sprach zu ihnen:

> »Ich weiß, dass der Herr euch dieses Land gegeben hat«, sagte sie zu ihnen. »Wir haben alle große Angst vor euch. Die Leute fürchten sich entsetzlich. Denn wir haben gehört, wie der Herr euch trockenen Fußes durch das Rote Meer gebracht hat, als ihr aus Ägypten auszogt. Wir wissen auch, was ihr Sihon und Og, den beiden Amoriterkönigen jenseits des Jordan, angetan habt, deren Völker ihr völlig vernichtet habt. Als wir das hörten, ängstigten wir uns schrecklich! Keiner hat noch den Mut zu kämpfen. Denn der Herr, euer Gott, ist der Gott oben im Himmel und unten auf der Erde.«
>
> *Josua 2,9-11*

Die Kundschafter machten die überraschende Entdeckung, dass die Einwohner Kanaans bereits seit vierzig Jahren besiegte Feinde waren! An dem Tage, als sie hörten, dass Gott das Wasser austrocknete, um die Kinder Israel beim Auszug aus Ägypten durch das Schilfmeer zu bringen, hatten sie bereits den Sieg an die Israeliten abgegeben. Ihre Herzen waren verzagt und sie hatten allen Mut verloren. Sie waren zu der Überzeugung gekommen, dass der Gott Israels der Gott des Himmels und der Erde war und dass dieser Gott genauso fähig sein würde, die Kinder Israel in das Land zu bringen, wie er fähig gewesen war, sie aus Ägypten zu befreien. Das Einzige, was sie verwunderte, war, dass Israel so viel Zeit brauchte, das *zu nehmen*, was Gott ihnen gegeben hatte. Die Kundschafter entdeckten, dass Israel vierzig Jahre lang in der Wüste eine verlorene Schlacht geschlagen hatte, anstatt in Kanaan einen bereits gewonnenen Sieg zu feiern!

Diese Entdeckung wirst du auch machen, wenn du im Glauben den ersten Grundsätzen gehorchst; die Entdeckung, dass du dich zehn, zwanzig, dreißig oder gar vierzig Jahre lang selbst um einen Sieg betrogen hast, den Christus vor mehr als zweitausend Jahren errungen hat, als er von den Toten auferstand, um sein Leben in dir zu leben.

Die beiden Kundschafter eilten zurück, um Josua die erregende Nachricht weiterzugeben: »›Der Herr wird das ganze Land in unsere Hände geben‹, sagten sie, ›und die Einwohner haben schreckliche Angst vor uns.‹ … Zu Josua sagte der Herr: ›Ab heute will ich dich zu einem bedeutenden Mann in den Augen der Israeliten machen. Alle sollen wissen, dass ich mit dir bin, wie ich mit Mose war‹« (Josua 2,24; 3,7).

Josua versammelte das Volk um sich. Er wollte ihnen begreiflich machen, dass ein neues Kapitel in der Geschichte Israels angefangen hatte! Seine Sprache war die Sprache des Triumphes und sein Glaube wirkte ansteckend, als er sagte: »Heute werdet ihr erfahren, dass ihr einen lebendigen Gott habt. Er wird die Kanaaniter … vor euch vertreiben. Seht! Die Bundeslade, die dem Herrn der ganzen Erde gehört, wird euch über den Jordan führen!« (Josua 3,10.11).

Josua sagte mit anderen Worten: »Ihr habt vierzig Jahre in der Wüste gelebt, als wäre euer Gott tot, aber ihr sollt von nun an erfahren, dass euer Gott lebt.«

Ungezählte Christen leben, in Missachtung der Worte, die sie reden, singen oder beten, als wäre Gott tot. Die Kirche Jesu Christi muss heute vor allen Dingen neu entdecken, dass Gott lebt, und sie muss danach handeln.

Angenommen, Gott würde heute Nacht sterben! Würde das deine Lebensart als Christ morgen verändern? Rechnest du überhaupt so mit ihm, dass du einen Unterschied in deinem Alltag und in deiner christlichen Arbeit merken würdest? Würde es den geringsten Unterschied am nächsten Sonntag im Gottesdienst ausmachen, wenn Gott heute Nacht stürbe, oder würde alles im gleichen Trott ablaufen? Würde es überhaupt jemand merken, wenn es ihnen keiner sagt? Oder würde der ganze Apparat wie immer weiterlaufen, bei den Leuten in den Kirchenbänken, dem Pfarrer auf der Kanzel und der Kollekte für den Baufonds am Ausgang? Niemand hat ihnen gesagt, dass Gott gestorben ist!

Wenn wir es wagen würden, die harte und nüchterne Tatsache zuzugeben, dann müssten wir gestehen, dass es sehr wenig im Leben unserer Kirchen, in der Arbeit unserer Missionsgesellschaften und christlichen Organisationen gibt, das sich nicht als menschliches Können und Mühen erklären lässt, und nur weniges nicht mehr weitergeführt werden könnte, wenn Gott tot wäre.

Den Beweis dafür können wir überall sehen. Unternehmen, die vor vielen Jahren durch die Anregung geisterfüllter Männer Gottes entstanden sind, wachsen langsam organisatorisch über ihren geistlichen Inhalt hinaus, bis nichts mehr von dem geistlichen Leben übrig bleibt. Gott wird nicht länger mehr zurate gezogen. Aber sie haben nicht aufgehört zu existieren. Sie existieren weiter; aber sie leben nicht! Von ihnen, wie auch von der Gemeinde in Sardes, sagt Gott: »Ich weiß alles, was du tust, und dass du den Ruf hast, lebendig zu sein – aber du bist tot« (Offenbarung 3,1).

Aber das sollte unter Josua nicht mehr die Erfahrung Israels sein. Sie sollten es wissen und spüren, dass der lebendige Gott unter ihnen war: »Wenn ihr die Bundeslade des Herrn, eures Gottes, die von den levitischen Priestern getragen wird, seht, dann folgt ihr. So wisst ihr, wohin ihr gehen sollt, da ihr diesen Weg noch nie gegangen seid. Haltet etwa 2000 Ellen Abstand zur Lade. Kommt ihr nicht näher« (Josua 3,3-4).

Ohne uns näher damit zu befassen, sollten wir beachten, dass die Lade das Zeichen des Bundes Gottes mit seinem Volk war und dass ihr Inhalt Ziel und Inhalt ihres Glaubens darstellte. Die Bundeslade sollte vor ihnen hergehen, mit einem Abstand zwischen sich und dem Volk.

Welch tiefe Wahrheit können wir hieraus lernen! Sie sollten einen guten Abstand von der Lade halten, um den Weg zu erkennen und ihr überallhin folgen zu können. Hätten sie sich um die Lade gedrängt, keiner hätte den Weg gewusst. Die Folge wäre nichts als Verwirrung gewesen – mindestens fünfzig Unterausschüsse und Komitees, die das Für und Wider debattiert hätten!

Sie sollten Gott genügend Spielraum lassen, um sie zeitlich wie räumlich dirigieren zu können. Sie sollten nicht einfach darauf losstürmen, sondern auf Distanz bleiben. Die Bibel liefert ausreichend Material über liebe, aufrichtige und ehrlich meinende Menschen, die tragische Fehler begingen, nur weil sie unter dem Druck der Umstände zu hastig handelten.

Lerne, Gott Raum für sein Handeln zu lassen! Lerne, still zu werden und zu erkennen, dass er Gott ist! Du hast kein Recht dazu, in Panik zu geraten! Wenn du fest davon überzeugt bist, dass Gott der Lenker deines Lebens ist und dass er zuständig ist für alle deine Angelegenheiten, dann wirst du auch nie furchtsam und besorgt sein müssen. »Überlass dem Herrn die Führung deines Lebens und vertraue auf ihn, er wird es richtig machen … Sei ruhig in der Gegenwart des Herrn und warte, bis er eingreift« (Psalm 37,5.7).

Gott kennt den Weg! Denke an die Worte Gottes an Josua: »Wohin ihr auch geht, werdet ihr Land betreten, das ich euch geschenkt habe.« Es würde Schritt für Schritt vorangehen. »Solange du lebst, wird sich niemand gegen dich behaupten können.« Tag für Tag und Schritt für Schritt geht der Weg des Menschen, der Gott gehört. Du eilst auf eigene Gefahr, »da ihr diesen Weg noch nie gegangen seid« (Josua 3,4).

Man könnte das wohl kaum von der Wanderschaft der Kinder Israel durch die Wüste behaupten, denn sie waren wieder und wieder im Kreis herummarschiert. Es gab nur wenige Sandkörnchen, die sie nicht beim Namen hätten nennen können, und kaum einen Kaktus, auf dem sie nicht schon gesessen hätten. Aber jetzt sollte es eine neue Erfahrung geben. Es sollte Tag für Tag eine Entdeckungsreise in das Land werden, mit neuen Erfahrungen an jeder Ecke und neuem Besitz, den sie mit jedem Schritt einnehmen durften.

Einige Wüstenchristen werden sehr böse, wenn man ihnen von dem Leben des auferstandenen Christus erzählt, der in all seiner Herrschaft in einem lebt. Und wenn man behauptet, sie wären diesen Weg vielleicht zuvor noch nie gegangen, werden sie ziemlich entrüstet sein. »Willst du damit sagen«, meinen sie, »dass ich nach vierzig Jahren immer noch nicht weiß, wie das Christenleben gelebt wird?« Sie werden rot anlaufen und sehr in Fahrt geraten, um schnell eine weitere Runde zu drehen. Sie werden versuchen, durch Geschwindigkeit wettzumachen, was ihnen an Richtung fehlt!

Wenn du darauf bestehst, im Kreis herumzulaufen, wirst du immer wieder zum Ausgangspunkt zurückkommen; je schneller du läufst, umso schneller kommst du wieder dorthin.

»In der Nähe von Jericho überquerte das Volk nun den Fluss. Währenddessen standen die Priester, die die Bundeslade des Herrn trugen, mitten im Flussbett auf trockenem Boden, und die Menschen zogen an ihnen vorbei, bis alle den Jordan überquert hatten« (Josua 3,16-17). Sie waren jetzt nicht nur herausgekommen, sondern auch hineingelangt!

Josua befahl zwölf Männern, aus jedem Stamm einem, je einen Stein mitzubringen aus der Mitte des Stromes, von dort, wo die Füße der Priester gestanden hatten, und die Steine richtete er in Gilgal auf, wo Israel am ersten Tag im neuen Land das Lager aufschlug. »Dann sagte er zu den Israeliten: ›Wenn eure Nachkommen später ihre Väter fragen: Was bedeuten euch diese Steine? Dann könnt ihr ihnen antworten: An diesem Ort haben die Israeliten den Jordan trockenen Fußes überquert‹« (Josua 4,21-22). Die Steine sollten die Kinder Israel an den Grundsatz erinnern, zu dem sie zurückgekehrt waren; denn wie Gott die Wasser des Schilfmeeres ausgetrocknet hatte, so hatte er auch die Wasser des Jordans ausgetrocknet, »damit alle Völker der Erde die große Macht des Herrn erkennen und damit ihr dem Herrn, eurem Gott, immer mit Ehrfurcht begegnet« (Josua 4,24).

Wie kamen sie durch das Schilfmeer?

Sie setzten ihre Füße in das Wasser und standen still. Warum? Gott hatte es ihnen geboten! Was passierte? Gott teilte das Wasser und sie gingen trockenen Fußes hinüber. Warum? Gott sagte, es wird geschehen!

Wie kamen sie durch den Jordan?

Sie setzten ihre Füße in das Wasser und standen still. Warum? Gott hatte es ihnen geboten! Was geschah? Gott teilte das Wasser und sie gingen trockenen Fußes hinüber. Warum? Gott sagte, es wird geschehen!

Was war schwieriger: in das Land hineinzugehen oder aus Ägypten herauszukommen? Weder noch! Es war genauso leicht, hinein- wie herauszukommen. Wie lange brauchten sie, um das zu entdecken? Vierzig Jahre!

»Wie ihr nun Christus Jesus als euren Herrn angenommen habt, so lebt auch mit ihm und seid ihm gehorsam« (Kolosser 2,6). Wie sollst du in Jesus Christus wandeln? So wie du ihn angenommen hast. Wie hast du ihn angenommen? Im Glauben. War das sehr schwierig? Wie sollst du dann in ihm wandeln? – Im Glauben! Wird das irgendwie schwieriger sein?

Wie du gelernt hast, ihm für seinen Tod zu danken, so danke ihm für sein Leben. Rechne in Demut damit, dass er in dir lebt, wie du schon in Demut damit gerechnet hast, dass er für dich starb. Ist das nicht sehr einfach? Und wie lange hast du gebraucht, um das zu entdecken?

Denk daran, er gibt dir keine Kraft – er *ist* deine Kraft! Er gibt dir keinen Sieg – er *ist* dein Sieg! Er kann nicht dein Leben sein, ohne alles zu sein, was du je brauchen wirst, denn »in Christus lebt die Fülle Gottes in menschlicher Gestalt, und ihr seid durch eure Einheit mit Christus damit erfüllt« (Kolosser 2,9-10). Rechne mit dieser Tatsache – und höre auf, um das zu bitten, was du schon hast!

> Während die Israeliten in Gilgal in der Ebene von Jericho lagerten, feierten sie das Passahfest am Abend des 14. Tages des ersten Monats. Am Tag nach dem Passah aßen sie ungesäuertes Brot und geröstetes Korn, das sie in dem neuen Land geerntet hatten.
> *Josua 5,10-11*

So hatten sie das erste Mal in vierzig Jahren berechtigten Grund, einen »Tag zum Gedächtnis« zu feiern, einen Tag, der nur in dem Land gefeiert werden konnte, das sie besitzen sollten, und an dem Tag wurde »die Schande Ägyptens« von ihnen abgewälzt (Josua 5,9). Zum ersten Mal konnte das Volk genießen, wozu es erlöst worden war, und ihre Befreiung wurde endlich eine Sache, die Sinn und Zweck hatte.

»Als Josua in der Nähe von Jericho war, sah er plötzlich einen Mann, der ihm mit gezücktem Schwert in der Hand gegenüberstand. Josua ging auf ihn zu und fragte: ›Gehörst du zu uns oder zu unseren Feinden?‹« (Josua 5,13). Josua machte einen Erkundungsgang in der Nähe der Befestigungen der Stadt Jericho und entwickelte Pläne für die erste große Aufgabe, die vor ihm lag. Auf diesem Gang wurde er sich plötzlich der Gegenwart eines Mannes bewusst, eines Mannes mit einem bloßen Schwert in der Hand. Seine Frage heißt so viel wie: »Auf wessen Seite bist du? Bist du auf unserer oder auf ihrer Seite?«

»›Weder noch‹, antwortete er. ›Ich bin der Anführer der Heerscharen des Herrn und bin eben eingetroffen‹« (Josua 5,14). Der Mann mit dem Schwert in der Hand sagte in Wirklichkeit das: »Ich bin weder auf eurer noch auf ihrer Seite. Ich bin als Oberster über das Heer des Herrn gekommen. Ich bin nicht gekommen, Partei zu nehmen – ich bin gekommen, das Kommando zu übernehmen!«

Im Land machst du nicht mehr deine Pläne, in der Hoffnung, Gott werde auf deiner Seite sein. Jericho ist nicht mehr dein Problem! Es ist Gottes Problem und du stehst unter dem Oberkommando des Mannes mit dem Schwert in der Hand.

»Da warf sich Josua voller Ehrfurcht vor ihm nieder. ›Welche Befehle hast du für mich, deinen Diener?‹, fragte er. Der Heerführer des Herrn antwortete: ›Zieh deine Sandalen aus, denn du stehst auf heiligem Boden.‹ Da gehorchte Josua« (Josua 5,14-15). Er wusste, er war in der Gegenwart Gottes, des Gottes des brennenden Busches. Das Siegesprinzip hatte sich nicht geändert, denn Gott ändert sich nicht! Josua musste nur ganz einfach das wieder lernen, was Mose vergessen hatte.

Gott nimmt nicht Partei – er übernimmt! Darin ist auch dein Jericho eingeschlossen! Bist du dazu bereit?

12

Sieg und Berufung

Jesus Christus selbst ist die endgültige Offenbarung und Deutung der ganzen Wahrheit. In ihm ist alles, was wir über Gott wissen müssen, geoffenbart. Im »Lande leben« bedeutet, ein Leben zu genießen, das nur durch sein Leben in uns möglich ist. Aus diesem Grund ist es das Beste, wenn wir unsere Betrachtungen in diesem Buch abschließen, indem wir unsere Augen auf Jesus richten. Seine vollkommene Menschlichkeit kann nur mit seiner vollkommenen Göttlichkeit verglichen werden.

> Jesus aber wusste, dass der Vater ihm uneingeschränkte Macht über alles gegeben hatte und dass er von Gott gekommen war und zu Gott zurückkehren würde. Er stand vom Tisch auf, zog sein Obergewand aus, band sich ein Handtuch um die Hüften und goss Wasser in eine Schale. Dann begann er, seinen Jüngern die Füße zu waschen und sie mit dem Handtuch abzutrocknen, das er sich umgebunden hatte.
> *Johannes 13,3-5*

Jesus wusste, dass der Vater alles in seine Hände gegeben hatte und dass er in seiner Person als Mensch mit allen unausschöpflichen Reichtümern der Gottheit ausgestattet war. Dies ist das Erste, was ich dir deutlich machen möchte. Obwohl er am Anfang bei Gott war und Gott gleich war und Gott ist und obwohl durch ihn als das göttliche Wort alle Dinge geschaffen wurden, ist er doch, als er zur Erde kam, Mensch im wahrsten und vollkommensten Sinne des Wortes geworden. Aber er wurde Mensch, wie der Mensch nach Gottes Absicht sein sollte, und verhielt sich als Mensch, wie sich der Mensch nach Gottes Absicht verhalten sollte. Er wandelte Tag für Tag in jenem Verhältnis zum Vater, das Gott immer für den Menschen und sich gewollt hatte.

> Obwohl er Gott war *(alle göttlichen Kennzeichen besaß)*, bestand er nicht auf seinen göttlichen Rechten *(betrachtete er seine Göttlichkeit nicht als etwas, das er festhalten müsste)*. Er verzichtete auf alles; er nahm die niedrige Stellung eines Dieners an und wurde als Mensch geboren und als solcher erkannt. Er erniedrigte sich selbst und war gehorsam bis zum Tod, indem er wie ein Verbrecher am Kreuz starb.
> *Philipper 2,6-8*

Wir werden es später noch ausführlicher betrachten, aber ich möchte es jetzt schon erwähnen, damit wir von vornherein die Tatsache festhalten, dass er in jedem Wort und Werk, jeder Reaktion und jeder Entscheidung *als Mensch* handelte, wenn er auch Gott war. Er wusste, dass er in seiner Vollkommenheit als Mensch ausgestattet war mit dem, womit der Mensch nach Gottes Absicht ausgestattet sein sollte – mit allem! Mit anderen Worten, der vollkommene Mensch hat unbeschränkten Zugang zu allen Reichtümern Gottes.

Um es noch einmal anders auszudrücken: Alle unausschöpflichen Gaben Gottes stehen *dem* Menschen zur Verfügung, der für alle unausschöpflichen Gaben Gottes *offen* ist. Jesus war dieser Mensch! Weil er ein vollkommener Mensch war – ununterbrochen, bedingungslos verfügbar –, deshalb stand ihm das zur Verfügung, dem er sich öffnete – nämlich alles! Das ist eine grundsätzliche Haltung, auf die wir noch zurückkommen müssen.

Ein Zweites: Er wusste, dass er von Gott gekommen war. Das heißt, er kannte seine göttliche Herkunft. Und er wusste, dass er zu Gott ging; das heißt, er kannte seine göttliche Bestimmung. Er kam von Gott und ging zu Gott zurück. In Johannes 16,27-28 ist das noch einmal gesagt: »... denn der Vater selbst hat euch lieb, weil ihr mich liebt und glaubt, dass ich von Gott ausgegangen bin. Ich kam vom Vater in die Welt, und ich werde die Welt verlassen und zum Vater zurückkehren.« *Vom* Vater – *zum* Vater – und in der Zwischenzeit dreiunddreißig Jahre auf Erden, in der Welt. Ein kurzer, in die Zeit verlegter Abschnitt, Ewigkeit vorher und Ewigkeit nachher. Er war im Anfang, in der Vergangenheit, bei Gott – vom Vater. Er würde ewig in der Zukunft beim Vater sein – zum Vater. Aber in der Zwischenzeit musste er dreiunddreißig Jahre lang die Rolle eines vollkommenen Menschen übernehmen und als solcher wusste er, dass der Vater alles in seine Hände gegeben hatte, dass er von Gott gekommen war und zu Gott gehen würde.

Man möchte meinen, dass diese Worte von Jesus in Johannes 13,3 die Einleitung zu einer ganz besonderen Aussage sind oder auf ein ganz besonderes Ereignis vorbereiten. Es wirkt fast wie eine Ernüchterung, wenn man liest, dass er vom Abendmahl aufstand, seine Kleider ablegte, sich mit einem Schurz umgürtete, Wasser in ein Becken goss und seinen Jüngern die Füße wusch. Mit allen unausschöpflichen Reichtümern Gottes ausgestattet, von göttlicher Herkunft und göttlicher Zukunft, wusch er seinen Jüngern die Füße, eine Arbeit, die sogar seinen eigenen Jüngern zu niedrig erschien und über die sie sich erhaben fühlten.

Benötigte er alle unausschöpflichen Gaben der Gottheit, um seinen Jüngern die Füße zu waschen? Gott auf den Knien! Christus zeigte in seiner Handlung eine grundsätzliche Wahrheit: Nicht die Natur einer Sache, die du tust, entscheidet darüber, ob sie geistlich ist, sondern ihr Ursprung! Nicht die Natur, sondern der Ursprung!

Es gab keinen einzigen Augenblick im Leben von Jesus, der ohne göttliche Bedeutung gewesen wäre, denn in seinem Denken, Reden und Handeln war nie irgendetwas, das seinen Ursprung nicht in Gott hatte. Es gab nichts in seinem Leben, das nicht vom Vater in dem Sohn und durch den Sohn gewirkt gewesen wäre. Dreiunddreißig Jahre lang stand er dem Vater zur Verfügung, auf dass der Vater in dem Sohn und durch den Sohn alles zur Erfüllung bringen konnte, das zwischen dem Vater und dem Sohn geplant und beschlossen war, ehe der Welt Grund gelegt war.

Warum gab der Vater alles in seine Hände? Weil Jesus Christus der vollkommene Mensch war. Und er war deswegen vollkommen, weil er vollkommen verfügbar war. Das erste Mal seit Adams Fall war ein Mensch auf Erden, der Mensch war nach Gottes Plan und Absicht.

Welche seiner Handlungen war geistlicher: die Bergpredigt, die Auferweckung des Lazarus vom Tod oder die Fußwaschung seiner Jünger? Die Antwort ist eindeutig: Keine seiner Handlungen war geistlicher als die andere – alle hatten ihren Ursprung im Vater, der durch den Sohn wirkte. »Denn ich tue immer, was ihm gefällt« (Johannes 8,29). Die geistliche Gesinnung eines Menschen findet immer ihren Ausdruck in der Verfügbarkeit Gott gegenüber für sein Handeln. In welcher Form dieses Handeln zum Ausdruck kommt, tut nichts zur Sache. Wenn es dir gefällt, immer und einzig das zu tun, was Gott gefällt – dann kannst du immer tun, was dir gefällt!

Lass uns zwei Abschnitte im Hebräerbrief betrachten, die bei kurzem Hinsehen vielleicht etwas seltsam erscheinen:

> Doch Jesus sehen wir, der für eine kurze Zeit geringer als die Engel gemacht wurde und nun mit Herrlichkeit und Ehre gekrönt ist, weil er für uns den Tod auf sich nahm. Durch die Gnade Gottes hat Jesus für alle Menschen auf der ganzen Welt den Tod erlitten. Denn Gott, für den alles erschaffen wurde und der alles erschuf, will seine Herrlichkeit mit vielen Kindern teilen. Doch damit Jesus ihre Rettung bewirken konnte, musste Gott ihn durch sein Leiden vollkommen machen.
> *Hebräer 2,9-10*

Es war notwendig, dass Gott der Vater ihn, Gott den Sohn, durch Leiden vollkommen machte.

Mit diesen Versen vor uns lass uns noch Hebräer 5,8-9 (LUT) aufschlagen: »So hat er, obwohl er der Sohn war, doch an dem, was er litt, Gehorsam gelernt. Und da er vollendet war, ist er für alle, die ihm gehorsam sind, der Urheber der ewigen Seligkeit geworden.« Im zweiten Kapitel steht, dass der Vater den Sohn vollkommen machen musste; in Kapitel 5 steht, dass er, nachdem er vollkommen gemacht war, der »Urheber ewigen Heils« wurde. Sein Werden zum Urheber unseres ewigen Heils war abhängig von dem erfolgreichen Abschluss eines Vorgangs, durch den er »vollendet« wurde. Er war »vollendet« worden, um zu »werden«. – Klingt das nicht ein wenig seltsam? War Jesus Christus denn nicht vollkommen? Musste er vollkommen gemacht werden? Hatte Jesus doch noch irgendeinen Fehler, der erst korrigiert, irgendeine Unvollkommenheit, die erst ausgeglichen werden musste, damit er »allen, die ihm gehorchen, der Urheber ewigen Heils« werden konnte?

Hier ist eine zweite grundsätzliche Wahrheit eingeschlossen. Die Vollkommenheit von Jesus Christus war zweifacher Art. Die Bibel lässt uns keinen Zweifel an der absoluten Vollkommenheit seiner Person. Sie sagt uns: »Denn Gott machte Christus, der nie gesündigt hat, zum Opfer für unsere Sünden, damit wir durch ihn vor Gott gerechtfertigt werden können« (2. Korinther 5,21). Wir wissen, dass der Vater, als er vor dem öffentlichen Auftreten von Jesus vom Himmel herabsah, rückschauend auf die ersten dreißig Jahre, die er als Mensch auf der Erde gelebt hatte – als kleines Kind, als Sohn, Lehrling, Handwerker, Nachbar, Bürger –, von ihm sagte: »Dies ist mein geliebter Sohn, an ihm habe ich große Freude« (Matthäus 3,17).

Vollkommen! In seinem Verhalten war er vollkommen. In seiner Berufung musste er vollkommen werden – durch den zeitlichen Prozess des Gehorsams. Er konnte das Werk, das zu erfüllen er Mensch geworden war, nur dann vollbringen, wenn er dies in vollkommener Abhängigkeit vom Vater tat. So musste der, der vollkommen war in seiner Persönlichkeit, in dem, was seine Berufung betraf, vollkommen gemacht werden.

War er in seiner Berufung vollkommen – das zu erfüllen, wozu er Fleisch wurde und in diese Welt kam –, schon als Baby in Bethlehem? Wäre er da schon fähig gewesen zu sagen: »Es ist vollbracht!«? War er als Zwölfjähriger, als seine Mutter ihn im Tempel fand und er zu ihr sagte: »Ihr hättet doch wissen müssen, dass ich im Haus meines Vaters bin«, vollkommen seiner Berufung nach? Als er die Bergpredigt hielt oder Lazarus auferweckte oder sogar seinen Jüngern die Füße wusch, war er da schon vollkommen in seiner Berufung? Als er im Garten Gethsemane rang und sein Schweiß wie Blutstropfen auf die Erde fiel, hatte er da schon die Vollkommenheit seiner Berufung erreicht?

Es war keine Übertreibung, als er zu Petrus in Gegenwart des Judas und der Männer, die ihn verhafteten, sagte: »Wisst ihr denn nicht, dass ich meinen Vater um Tausende von Engeln bitten könnte, um uns zu beschützen, und er würde sie sofort schicken?« (Matthäus 26,53). Aber wenn er die Bitte ausgesprochen und der Vater zwölf Legionen Engel gesandt und er damit das Kreuz gemieden hätte – wäre er dann vollkommen gewesen in der Berufung, zu der er geboren wurde? Nein, niemals! Und du und ich, wir wären unter allen Kreaturen die elendesten, denn es gäbe nichts, das den ewigen, unabweisbaren und absoluten Forderungen eines heiligen Gottes genügt und unsere Erlösung ermöglicht hätte.

Aber wir dürfen lesen, wie er in klarer Entschlossenheit weder zur Rechten noch zur Linken wich und gehorsam bis zum Tod war, indem er wie ein Verbrecher am Kreuz starb (Philipper 2,8). Bis zum letzten Augenblick war er der Berufung ergeben, zu deren Erfüllung er dem Vater und der Vater ihm zur Verfügung stand. Als er dann am Kreuz hing und der Himmel sich wie im Schmerz um den Sohn Gottes drei Stunden lang verfinsterte, erhob er wenige Augenblicke vor seinem Tod die Stimme, und seine Worte hallten als Siegesruf über Jerusalem hin: »Es ist vollbracht!«

Erst in diesem Augenblick wurde er in seiner Berufung vollkommen gemacht, so wie er schon immer in seiner Person vollkommen war. Und er wurde »allen, die ihm gehorchen, der Urheber ewigen Heils«. Das war sein Sieg! Und das ist das Wesen jedes christlichen Sieges, die positive Erfüllung der Ziele Gottes durch einen Menschen, der Gott völlig zur Verfügung steht!

Jesus lebte nicht deshalb ein siegreiches Leben, weil er keine Sünde beging – nicht log, nicht unehrlich war, nicht die Ehe brach, nie jemand beneidete – in diesen Negationen lag sein Sieg nicht! Falls dies das Wesen seines Sieges und der Charakter seiner Gerechtigkeit gewesen wäre, dann hätte er im Himmel bleiben können.

Sein Sieg bestand darin, dass er als Mensch wirklich ausführte, wozu er Fleisch geworden war. Abgesehen davon, dass er kein

Unrecht tat, vollbrachte er alles, was *recht* war. Er war dem Vater gegenüber absolut verfügbar, in jedem Augenblick seiner 33 Jahre. So konnte der Vater, der Gott war, im und durch den Sohn, der Mensch war, all das tun, was zwischen dem Vater und dem Sohn beschlossen war vor Grundlegung der Welt.

Das Bewusstsein der Berufung sagt: »Ja, alles, was die Propheten über mich geschrieben haben, wird sich erfüllen« (Lukas 22,37). Und die Sprache des Sieges ruft aus: »Es ist vollbracht!« (Johannes 19,30).

Ich möchte gern, dass du verstehen lernst, auf welche Weise sich Jesus Christus seinem Vater zur Verfügung stellte. »Deshalb sprach Christus, als er in die Welt kam: ›Du wolltest keine Opfer und keine Gaben, doch du hast mir einen Leib gegeben. Du hattest keine Freude an Brandopfern oder an anderen Sündopfern. Da sprach ich: Sieh her, ich bin gekommen, um deinen Willen zu erfüllen, o Gott – so wie es in deinem Buch über mich geschrieben steht‹« (Hebräer 10,5-7).

Der göttliche Heilsplan war von den Propheten den Vätern vorhergesagt und unter Leitung des Heiligen Geistes im »Buch« – dem geschriebenen Wort des Alten Testaments – niedergeschrieben worden. Im Einklang damit spricht jetzt Jesus als das lebendige Wort zu seinem Vater: »Den Leib, den du mir gegeben hast, gebe ich dir, damit alles, was von mir im Buch geschrieben steht, jetzt seine Vollendung in meiner Person finden kann.« Wir müssen verstehen: Die Hingabe seines Körpers als Opfer, das Opfer seines gesamten Wesens als Mensch (Körper, Seele und Geist), schloss die bedingungslose Übergabe seiner menschlichen Persönlichkeit an den Vater ein. Wodurch aber brachte Jesus seinen Körper seinem Vater dar, damit der Vater während jener dreiunddreißig Jahre alles in und durch den Sohn erfüllen konnte, was im Buch geschrieben stand?

Die Antwort finden wir in Hebräer 9,14:

> Wie viel mehr kann dann das Blut des Christus bewirken, denn durch die Kraft von Gottes ewigem Geist brachte Christus sich selbst Gott als vollkommenes Opfer für unsere Sünden dar. Er befreit unser Gewissen, indem er uns freispricht von unseren Taten, für die wir den Tod verdienen. Nun können wir dem lebendigen Gott dienen.

Der Sohn, als Mensch, gab sich Gott dem Vater durch den Heiligen Geist – und Gott der Vater gab sich dem Sohn, als Mensch, durch den Heiligen Geist. Durch den Heiligen Geist lebte, wandelte und wirkte er. Jeder Schritt, jedes Wort, sein ganzes Wesen war Ausdruck Gottes, des Vaters, in dem Sohn als Mensch durch den Heiligen Geist. Um das Bild abzurunden, fasste Jesus in Johannes 14,10 zusammen: »Glaubst du nicht, dass ich im Vater bin und der Vater in mir ist? Die Worte, die ich euch sage, stammen ja nicht von mir, sondern der Vater, der in mir lebt, wirkt durch mich.« Mit anderen Worten: »Ich habe meinen Leib meinem Vater dargebracht, der in mir wohnt, damit er seine Werke in meinem Leib vollbringe; und mein Vater tut seine Werke durch seinen Geist, durch den er in mir wohnt und durch den ich mich meinem Vater ohne Fehl geopfert habe.« Alles Wirken des Herrn Jesus auf Erden als Mensch war des Vaters Wirken in dem Sohn durch den Geist, durch den er, der Sohn, seinen Leib dem Vater dargebracht hatte.

Vom Vater – durch den Vater – zum Vater! Das war das Leben von Jesus Christus auf Erden, von Bethlehem bis zum Ölberg.

Als *Mensch* war es die Aufgabe des Sohnes, zu *sein* – als *Gott* war es die Aufgabe des Vaters, zu *handeln*! Über dieses Verhältnis zum Vater konnte der Sohn sagen: »Ich *bin* – er *handelt*! Was ich tue, das tut mein Vater. Was ich sage, das sagt mein Vater. Was ich bin, das ist mein Vater.«

> Jesus erwiderte: »Philippus, weißt du denn nach all der Zeit, die ich bei euch war, noch immer nicht, wer ich bin? Wer mich gesehen hat, hat den Vater gesehen! Warum verlangst du noch, ihn zu sehen?«
> *Johannes 14,9*

Was sagt nun die Bibel über dein Verhältnis zu Jesus Christus? Wieder und wieder betont sie, dass dein Verhältnis zum Herrn jetzt dasselbe sein muss wie sein Verhältnis damals zum Vater. Wie der Vater ihn gesandt hat, so sendet der Herr Jesus dich. »Wie mich gesandt hat der lebendige Vater und ich lebe um des Vaters willen, so wird auch, wer mich isst, leben um meinetwillen« (Johannes 6,57; LUT).

Was du nun als die Grundlage für das Leben von Jesus Christus in seinem Verhältnis zum Vater entdeckst, muss unweigerlich die Grundlage für dein Leben im Verhältnis zu ihm sein. Das sollte dich nicht überraschen. Wenn es bei dir nicht so ist, sollte es dich erschrecken!

Lass uns als Nächstes Römer 11,36 betrachten: »Denn alles kommt von ihm; alles besteht durch seine Macht und ist zu seiner Herrlichkeit bestimmt. Ihm gehört die Ehre in Ewigkeit! Amen.« Von ihm, zu ihm, durch ihn! Aber das ist genau die Beziehung zwischen dem Sohn als Mensch und seinem Vater als Gott – vom Vater, durch den Vater, zu dem Vater!

Darf ich dir eine Frage stellen? Hast du das ewige Leben? Du sagst: »Ja, Gott sei Dank, ich hab's!« Das ist natürlich wunderbar – aber was ist das ewige Leben? Hast du dir darauf jemals eine befriedigende Antwort geben können? Was ist ewiges Leben? Ist es ein Ort, zu dem du einst gehen wirst, wenn du tot bist? Ist es ein gewisses Gefühl in deinem Inneren? Stelle diese Frage in einer durchschnittlichen Gemeinde, Bibelstunde oder Sonntagsschule, und du wirst über die seltsamen Antworten, die du bekommst, erstaunt sein.

Was ist ewiges Leben? Wann fängt es an? Vor einiger Zeit bemerkte ich in einer Krankenhauskapelle, in der ich sprach, auf einer Gedenktafel zu Ehren eines verstorbenen Pfarrers neben seinem Todesdatum folgende Worte: »Er ging in das ewige Leben ein.« Stimmt das, wenn er Christ war? Sollte man daraus entnehmen, dass ewiges Leben dann beginnt, wenn ein Mensch gestorben ist? Nein, ganz bestimmt nicht!

> Und dies hat Gott versichert: Er hat uns das ewige Leben geschenkt, und dieses Leben ist in seinem Sohn. Wer an den Sohn Gottes glaubt, hat das Leben; wer aber an den Sohn Gottes nicht glaubt, hat auch das Leben nicht.
> *1. Johannes 5,11-12*

»Jesus Christus« und »ewiges Leben« sind gleichbedeutende Begriffe. Das ewige Leben ist Jesus Christus selbst. Johannes 1,4 sagt von ihm: »Das Leben selbst war in ihm, und dieses Leben schenkt allen Menschen Licht.« Wenn du das ewige Leben hast, dann heißt das ganz einfach, dass du den Sohn – Jesus Christus – hast. Jesus sagt: »Ich bin der Weg, die Wahrheit und das Leben« (Johannes 14,6).

Ewiges Leben ist also kein gewisses Gefühl im Inneren! Es ist nicht der letzte Bestimmungsort, zu dem du einst gehen wirst, wenn du tot bist. Wenn du wiedergeboren bist, dann ist das ewige Leben das Leben, das du jetzt in diesem Augenblick in deinem eigenen Leib, mit beiden Füßen auf der Erde, heute in der Welt besitzt! Wo kommt dieses Leben her? Von ihm! Er ist das Leben!

Wann war dein Bethlehem? An dem Tage, an dem Jesus Christus in dir Gestalt annahm (Galater 4,19)! Als er kam, um dich zu bewohnen, und als Gott in seiner Barmherzigkeit, nachdem er dich erlöst hatte, durch den Heiligen Geist von dir Besitz ergriff, wurde dein Leib »der Tempel des lebendigen Gottes«. Du wurdest ein Glied des Leibes, der Kirche, die Paulus in seinem Brief an die Epheser als eine »Wohnung Gottes im Geist« bezeichnete (Epheser 2,22; LUT). Also, wenn du das ewige Leben hast, dann hast du *jemanden*, Jesus Christus – und das Leben, das du hast, ist sein Leben!

Wo wird dieses Leben dich hinführen? Wenn du heute Nacht stürbest, was würde geschehen? Die Bibel sagt, du wirst dann »deinen jetzigen Körper verlassen« und »daheim bei dem Herrn« sein (2. Korinther 5,8). Du wirst zu ihm gehen, dessen Auferstehungsleben du jetzt schon durch seinen in dir wohnenden Heiligen Geist erfährst.

Wenn Jesus Christus heute wiederkommen würde – wie es sehr gut der Fall sein könnte –, dann »werden zuerst alle Gläubigen, die schon gestorben sind, aus ihren Gräbern auferstehen« in Jesus, und »mit ihnen zusammen werden auch wir Übrigen, die noch auf der Erde leben, auf den Wolken hinaufgehoben werden in die Luft, um dem Herrn zu begegnen« (1. Thessalonicher 4,16-17). Du würdest »zu ihm«, dessen Auferstehungsleben du jetzt schon erfährst, gehen. Ob du also in Christo schläfst oder lebst und übrig bleibst bis zu seinem Kommen, das ewige Leben, das du jetzt hast, ist beides, von ihm und zu ihm.

Was aber liegt zwischen deinem Bethlehem und deinem Ölberg?

Dreiunddreißig Jahre? Das könnte vielleicht sein! Oder drei Jahre oder fünfzig oder sechs Wochen. Solange du auf der Erde lebst, bewohnt von Jesus Christus durch seinen Heiligen Geist – für viele Jahre oder für wenige –, ist das deine Berufung, der Zweck und das Ziel deines Lebens als Mensch auf Erden: dass Christus jetzt in dir sein Erbe – Wohnrecht und Besitzrecht – antreten kann auf dem Weg zum Himmel; deine Menschlichkeit, ohne Einschränkung ihm zur Verfügung gestellt, wie einst seine Menschlichkeit ohne Einschränkung dem Vater zur Verfügung gestanden hat. Römer 12,1 ist die logische Schlussfolgerung aus dem vorhergehenden Vers des elften Kapitels: »Weil Gott so barmherzig ist, fordere ich euch nun auf, liebe Brüder, euch mit eurem ganzen Leben für Gott einzusetzen. Es soll ein lebendiges und heiliges Opfer sein – ein Opfer, an dem Gott Freude hat. Das ist ein Gottesdienst, wie er sein soll.« Wie er sich einst dem Vater übergab, so sollst du dich jetzt dem Sohn übergeben.

»Deshalb orientiert euch nicht am Verhalten und an den Gewohnheiten dieser Welt« – äfft ihre Methoden, ihre Handlungsweise, ihre Wege und ihr Denken nicht nach –, »sondern lasst euch von Gott durch Veränderung eurer Denkweise in neue Menschen verwandeln. Dann werdet ihr wissen, was Gott von euch will: Es ist das, was gut ist und ihn freut und seinem Willen vollkommen entspricht« (Römer 12,2). Wie der »gute, vollkommene Gotteswille« durch den Sohn erfüllt wurde, in seiner Abhängigkeit vom Vater, genauso kann der »gute, vollkommene Gotteswille« erfüllt werden durch dich, in deiner Abhängigkeit vom Sohn.

Diese göttliche Berufung, zu der du erlöst worden bist als »sein Werk, geschaffen in Christus Jesus zu guten Werken« (Epheser 2,10; LUT), kann nur in der Kraft und Allmacht dessen erfüllt werden, der jetzt durch seinen Geist in dir wohnt, wie er einst auf Erden einzig in der Kraft und Allmacht des Vaters, der durch den Heiligen Geist in ihm wohnte, wandelte. Von sich selbst sagte er: »Der Sohn kann nichts aus sich heraus tun« (Johannes 5,19), und von dir sagt er: »... getrennt von mir könnt ihr nichts tun« (Johannes 15,5).

Wie viel kannst du ohne ihn tun? Nichts! Was ist darum alles, was du ohne ihn tust? Nichts!

Es ist erstaunlich, wie sehr man mit Nichtstun beschäftigt sein kann! Hast du das schon einmal festgestellt? »Das Fleisch *(alles, was du ohne ihn bist)* ist nichts nütze« (Johannes 6,63; LUT). Es besteht immer die schreckliche Möglichkeit, dass du diese grundsätzlichen Wahrheiten nicht entdeckst und dein ganzes Leben im Dienst von Christus verbringst und doch *nichts* tust! Du wärst nicht der Erste und wirst auch nicht der Letzte sein – aber das müssen wir unter allen Umständen vermeiden! So siehst du also, dass das Leben, das du als wiedergeborener Christ besitzt, *von* ihm ist und zu ihm ist; und jeden Augenblick, den du hier auf Erden lebst, muss es *durch* ihn sein – von *ihm*, durch *ihn*, zu *ihm* sind alle Dinge! »Weil Gott so barmherzig ist, fordere ich euch nun auf, liebe Brüder, euch mit eurem ganzen Leben für Gott einzusetzen.«

Jesus Christus fordert das Verfügungsrecht über deinen Körper, dein ganzes Wesen, deine gesamte Persönlichkeit, sodass – durch deine Hingabe an ihn durch den Heiligen Geist – er sich dir durch den Heiligen Geist geben kann, damit dein ganzes Wirken als Mensch hier auf der Erde sein Wirken in dir und durch dich sein kann. Jeder Schritt, jedes Wort, jedes Werk und dein ganzes Wesen: ein Ausdruck des Sohnes Gottes, in dir als Mensch.

Wenn alles *von ihm, durch ihn, zu ihm* ist, wo bleibt dann noch Platz *für dich*? Nirgends! Da stirbt das alte Ich. Das meinte Paulus, als er sagte: »Christus ist mein Leben« (Philipper 1,21). Die einzige Person, der Gott das Recht gegeben hat, in dir zu leben, ist Christus. Also halte dich für tot all dem gegenüber, was du ohne ihn bist, und lebe Gott in allem, was du bist – aufgrund dessen, was er ist (Römer 6,11)!

Als die Welt Jesus anschaute, sah sie Gott! Sie hörte Gottes Worte und sah Gottes Werke. »Wie der Vater mich gesandt hat, so sende ich euch« (Johannes 20,21) – so wird die Welt von Neuem Gott reden hören und Gott wirken sehen! Deine Aufgabe ist es, zu *sein* – seine Aufgabe ist es, zu *handeln*! Deine Sache ist es, dich vertrauensvoll dem siegreichen Leben des Christus, der in dir wohnt, zur Verfügung zu stellen, erfüllt zur ganzen Gottesfülle (Epheser 3,19; LUT), ständig jedem göttlichen Impuls unbedingt gehorchend – das ist deine Berufung und das ist dein Sieg!

> Ich versichere euch: Wer an mich glaubt, wird dieselben Dinge tun, die ich getan habe, ja noch größere, denn ich gehe, um beim Vater zu sein. Ihr dürft in meinem Namen um alles bitten, und ich werde eure Bitten erfüllen, weil durch den Sohn der Vater verherrlicht wird.
> *Johannes 14,12-13*

Major W. Ian Thomas stammte aus einer gutbürgerlichen englischen Familie. Auf einer Freizeit hat er mit zwölf Jahren Jesus Christus als seinen persönlichen Heiland angenommen. Mit fünfzehn Jahren bekam er den Ruf, sein Leben Gott zur Verfügung zu stellen und ihm als Missionsarzt zu dienen. Während seiner Studienzeit wurde er von den verschiedensten Diensten und Aufgaben sehr stark in Anspruch genommen. Er schreibt darüber: »Es brachte mich in einen Zustand völliger geistlicher Erschöpfung, bis ich erkannte, dass es keinen Zweck hatte weiterzumachen.«

Zu dieser Zeit entdeckte Major Thomas das Geheimnis wahrer Hingabe an Christus. Der Herr sprach zu ihm: »Sieben Jahre lang hast du aufrichtig und ehrlich versucht, dein Leben für mich zu leben. Sieben Jahre lang habe ich darauf gewartet, mein Leben durch dich zu leben.«

Seit dieser Zeit verkündigte er das Evangelium in fast allen Teilen der Welt. Major Thomas war der Gründer und Direktor der Fackelträger-Missionsgemeinschaft, deren internationales Zentrum sich in Capernwray Hall bei Carnforth/Lancashire in England befindet.

W. Ian Thomas starb am 1. August 2007.

Auf der Internetseite www.capernwray.org.uk kannst du dich über die weltweiten Zentren der Fackelträger informieren.